AUDIOBOOKS

LIBROS BILINGÜES

La leyenda de Sleepy Hollow
Washington Irving, 1819

Conceptualización y realización editorial:
Ara Llibres sccl
www.arallibres.cat

Traducción de:
Alba Sabina Pérez

ISBN:
978-84-16774-80-7

Imprenta:
Rodesa

Depósito Legal:
B-8249-2016

Washington Irving

Hijo de un próspero mercader, Washington Irving (1783-1859) viajó extensamente por Europa, en especial por España, donde trabajó en la embajada americana en Madrid. Tuvo ocasión de vivir literalmente en la Alhambra y de esa experiencia surgió *La Alhambra* (1832), que subtituló como «una serie de cuentos de moros y españoles». Algunos de sus relatos, como *Rip Van Winkle*, fueron admirados en los círculos literarios londinenses a pesar de su «localismo» americano, y el escritor tuvo amistad con Mary Shelley, Lord Byron y, más tarde, Charles Dickens. La reputación literaria de Irving anticipó la más sólida de Hawthorne y Poe en las letras americanas y se asimiló a la corriente del romanticismo en la literatura en lengua inglesa. Lo más decisivo, sin embargo, fue su convicción de que los relatos breves respondían a un género literario propio, distinto de las convenciones de la novela. En este sentido, Irving fue pionero en cultivar el tipo de narraciones cortas que acabaron constituyendo la aportación más rica y original de la nueva literatura «nacional» americana. Dedicó los últimos años de su vida a los estudios históricos, de los que cabe destacar una monumental biografía de George Washington.

Las varias adaptaciones cinematográficas de *La leyenda de Sleepy Hollow* (1819) acreditan la popularidad de uno de los cuentos más conocidos de Irving. Conocedor de la literatura romántica tan en boga en Europa, Irving utilizó a menudo historias del folclore popular, especialmente el germano, para americanizar leyendas de origen medieval. En este caso,

el motivo del «jinete sin cabeza» sirvió a Irving para hilvanar un triángulo amoroso no exento de humor e ironía. En el pueblecito de Sleepy Hollow, el supersticioso y ridículamente pomposo profesor Ichabod Crane, un recién llegado, intenta seducir a la joven Katrina atraído por las cualidades de la chica y, quizás aún más, por la fortuna de su suegro potencial. Su rival, el extrovertido holandés Brom Bones, es un chico del pueblo que sabe utilizar sus habilidades para poner en evidencia al intruso y quedarse con la chica. El tranquilo entorno rural en el que transcurre la historia se presenta en contraste con los cambios trepidantes que se suceden en otras partes del estado de Nueva York. El tono satírico del cuento parece recomendar cautela ante los optimistas ideales fundacionales del nuevo país y, de alguna manera, anticipa la fecunda tradición crítica con el «sueño americano» que va a caracterizar la literatura del siglo xx.

Miquel Berga
Profesor de Literatura Inglesa
Universitat Pompeu Fabra de Barcelona

Cronología

1783. Washington Irving nace el 3 de abril en Nueva York en el seno de una familia acomodada de padre escocés y madre inglesa.
1789. En las calles de Nueva York, junto a su madre, conoce al entonces presidente George Washington, de quien toma el nombre debido a la gran admiración que sus padres sentían por el héroe de la guerra de la Independencia americana.
1802. Empieza a escribir artículos en el periódico neoyorquino *The Morning Chronicle*, editado por su hermano Peter Irving. Este año, además, empieza a trabajar con su mentor legal, el juez Josiah Ogden Hoffman. Se enamora de su hija Matilda, ocho años más joven que él.
1804. Con el pretexto de mejorar su salud, debilitada por problemas pulmonares, inicia un largo viaje por Europa que durará dos años.
1806. Ya de vuelta en Nueva York, pasa el examen de Abogacía gracias a la ayuda académica de Josiah Ogden Hoffman. Aun así, no se dedicará al Derecho pues su pasión será siempre la literatura.
1807. Funda la revista literaria *Salmagundi*, donde comparte una visión crítica de la escena política y cultural de la Gran Manzana.
1808. Se compromete con Matilda Hoffman.
1809. Publica *Historia de Nueva York contada por Dietrich Knickerbocker*, de tono satírico, que logra un gran éxito entre el público y le reporta fama inmediata. Sin embargo, este es también un año funesto ya que su prometida fallece por tisis con tan solo diecinueve años. Esta trágica noticia afecta profundamente al escritor, quien permanecerá soltero el resto de su vida, incapaz de superar semejante pérdida.
1812. Encuentra trabajo como editor en *Analectic Magazine*.
1815. Con intención de escapar de los conflictos en Estados Unidos, se traslada a Liverpool para trabajar en la empresa de uno de sus hermanos.

1818. Sin embargo, la empresa familiar entra en bancarrota y a partir de aquí Irving se consagra por completo a la literatura.
1820. Publica *Libro de apuntes* bajo el pseudónimo Geoffrey Crayon. En este compendio de historias se incluyen sus dos cuentos más famosos: *La leyenda de Sleepy Hollow* y *Rip Van Winkle.* La obra es otro éxito de Washington Irving, considerado el primer autor norteamericano de fama internacional.
1822. Publica otro recopilatorio de historias: *Bracebridge Hall,* que también logra una buena acogida.
1826. Arranca su carrera diplomática con un encargo del embajador estadounidense en España para que estudie en El Escorial (Madrid) una serie de documentos sobre el descubrimiento de América. A partir de este nuevo material, publica *A History of the Life and Voyages of Christopher Columbus (Historia de la vida y viajes de Cristóbal Colón),* muy bien recibida entre el público americano y el inglés. Este es el primer libro que se edita con su nombre.
1829. Se traslada a Londres cuando lo nombran secretario de la legación americana.
1832. Publica sus conocidos *Cuentos de la Alhambra.* Este año vuelve a Estados Unidos, tras una ausencia de diecisiete años.
1842. Se convierte en embajador de EUA en España. Este estrecho vínculo con territorio español hace de Irving el primer hispanista americano de la historia.
1848. De nuevo en Estados Unidos, es nombrado presidente de la Biblioteca Astor, que más tarde se convertiría en la Biblioteca Pública de Nueva York.
1855. Empieza a escribir la biografía de George Washington, que finalizará cuatro años más tarde. Se trata de un nuevo éxito de ventas del autor.
1858. Muere en su casa de Tarrytown (Nueva York) el 28 de noviembre. Ahora su morada es un museo que le rinde homenaje.

AUDIOBOOKS
LIBROS BILINGÜES

La leyenda de Sleepy Hollow
The Legend of Sleepy Hollow

AUDIO: 01:14'25"

La leyenda de Sleepy Hollow

ENCONTRADO ENTRE LOS PAPELES DEL DIFUNTO DIEDRICH KNICKERBOCKER[1]

Era una plácida tierra plagada de durmientes,
de sueños que vagaban bajo ojos casi cerrados;
y de alegres castillos en nubes pasajeras,
siempre a la deriva en el cielo de verano.
EL CASTILLO DE LA INDOLENCIA

En las entrañas de una de esas amplias cuevas que perfilan la orilla este del Hudson, se encuentra el holgado ensanche del río al que los antiguos navegantes holandeses llamaron Tappan Zee, donde ellos, al cruzar, siempre de forma prudente, recogían las velas y suplicaban por la protección de San Nicolás. Allí se encuentra un pequeño mercado de pueblo, o puerto rural, al que algunos llaman Greensburgh, pero que se conoce, generalmente, con el apropiado nombre de Tarry Town.[2] Cuentan que en otros tiempos este nombre se lo pusieron las buenas esposas del país vecino, debido a la arraigada costumbre de sus maridos de entretenerse en la taberna del pueblo los días de mercado. Como quiera que fuese, no afirmo que esto haya sucedido, simplemente lo cuento para ser riguroso y fidedigno. Cerca de este pueblo, tal vez a dos millas, se encuentra un pequeño valle, o más bien una lengua de tierra entre colinas altas, que es uno de los lugares más tranquilos del

1. N. del T. *Alter ego* creado por Washington Irving en 1809 para narrar *Una historia de Nueva York*. Se trata de un excéntrico estudiante norteamericano. *Knickerboxer* es el nombre de los pantalones que usaban los campesinos holandeses e Irving aprovecha al personaje y su nombre para satirizar las costumbres y modales de los estadounidenses de origen neerlandés.
2. N. del T. Pueblo Tardío.

The Legend of Sleepy Hollow

FOUND AMONG THE PAPERS OF THE LATE DIEDRICH KNICKERBOCKER

A pleasing land of drowsy head it was,
Of dreams that wave before the half-shut eye;
And of gay castles in the clouds that pass,
Forever flushing round a summer sky.
CASTLE OF INDOLENCE

In the bosom of one of those spacious **coves** which indent the eastern **shore** of the Hudson, at that **broad** expansion of the river denominated by the ancient Dutch navigators the Tappan Zee, and where they always prudently shortened **sail** and implored the protection of St. Nicholas when they crossed, there lies a small market town or rural port, which by some is called Greensburgh, but which is more generally and properly known by the name of Tarry Town. This name was given, we are told, **in former days**, by the good housewives of the **adjacent** country, from the **inveterate propensity** of their husbands **to linger** about the village tavern on market days. **Be that as it may**, I do not **vouch** for the fact, but merely advert to it, for the sake of being precise and authentic. Not far from this village, perhaps about two miles, there is a little valley or rather lap of land among high hills, which is one of the quietest places in the whole

mundo. A través de él pasa un riachuelo, cuyo rumor es el propicio para conciliar el sueño, y donde el silbido casual de una codorniz o el picoteo de un pájaro carpintero son casi los únicos sonidos que alguna vez rompen la monótona tranquilidad.

Recuerdo que, cuando era joven, mi primera cacería de ardillas fue en una arboleda de nogales que ensombrecía un costado del valle. Estuve vagando por allí hasta el mediodía –momento en que toda naturaleza permanece singularmente tranquila–, cuando fui sorprendido por el estruendo de mi propia escopeta, que rompió la calma del Sabbath y se prolongó y resonó con furiosos ecos. Si alguna vez deseara hacer un retiro para escapar del mundo y sus distracciones, y soñar tranquilamente el resto de una vida exenta de preocupaciones, no conozco ningún lugar más apropiado que este pequeño valle.

Debido al lánguido sosiego del lugar y al carácter extraño de sus habitantes, que son descendientes de los primeros colonos holandeses, este aislado valle se conoce desde hace mucho como Sleepy Hollow,[3] y a sus jóvenes rurales se les denomina en todos los países vecinos «Los chicos de Sleepy Hollow». Una soporífera y somnolienta influencia parece apoderarse de la tierra e impregnar hasta la misma atmósfera. Algunos dicen que el lugar fue hechizado por un importante doctor alemán durante los primeros días del asentamiento; otros, que un viejo jefe indio, el profeta o el mago de su tribu, convocaba a los *powwows*[4] allí antes de que el capitán Hendrick Hudson[5] descubriera el territorio. Lo cierto es que el lugar aún está bajo la influencia de alguna clase de brujería que tiene hechizadas las mentes de la gente de bien, provocando que caminen en un ensimismamiento continuo. Son propensos a todo tipo de creencias fantásticas y sometidos a trances y visiones; frecuentemente tienen extrañas alucinaciones y escuchan música y voces en el aire. Por toda la comarca abundan las

3. N. del T. El Valle del Letargo.

4. N. del T. Asambleas de los indígenas norteamericanos.

5. N. del T. Henry Hudson (1565-1611) fue un navegante y explorador inglés, famoso por haber realizado cuatro importantes viajes de exploración al Ártico. El nombre del río Hudson (Nueva York) se puso en honor a este navegante, que había remontado y explorado el río por cuenta de la Compañía Holandesa de las Indias Orientales en 1609.

world. A small **brook glides** through it, with just murmur enough **to lull** one to repose; and the occasional **whistle** of a **quail** or tapping of a **woodpecker** is almost the only sound that ever breaks in upon the uniform tranquillity.

I recollect that, when a **stripling**, my first exploit in squirrel-shooting was in a **grove** of tall **walnut-trees** that shades one side of the valley. I had wandered into it at noontime, when all nature is peculiarly quiet, and was **startled** by the **roar** of my own gun, as it broke the Sabbath stillness around and was prolonged and reverberated by the angry echoes. If ever I should wish for a retreat whither I might steal from the world and its distractions, and dream quietly away the **remnant** of a troubled life, I know of none more promising than this little valley.

From the **listless** repose of the place, and the peculiar character of its inhabitants, who are descendants from the original Dutch **settlers**, this **sequestered glen** has long been known by the name of SLEEPY HOLLOW, and its **rustic lads** are called the Sleepy Hollow Boys throughout all the neighboring country. A **drowsy**, dreamy influence seems **to hang over** the land, and **to pervade** the very atmosphere. Some say that the place was **bewitched** by a High German doctor, during the early days of the settlement; others, that an old Indian chief, the prophet or **wizard** of his tribe, held his powwows there before the country was discovered by Master Hendrick Hudson. Certain it is, the place still continues under the sway of some witching power, that holds a **spell** over the minds of the good people, causing them to walk in a continual **reverie**. They are given to all kinds of marvellous beliefs, are subject to trances and visions, and frequently see strange sights, and hear music and voices in the air. The whole neighborhood **abounds**

leyendas locales, los lugares malditos y las supersticiones nocturnas; las estrellas fugaces y los meteoritos brillan a través del valle con mayor frecuencia que cualquier otra parte del país, y el demonio y sus acólitos parecen haber encontrado aquí el lugar perfecto para sus travesuras.

Ahora bien, el espíritu más importante que se manifiesta en esta región encantada, y que parece ser el comandante en jefe de todos los poderes del aire, es la aparición de una figura sin cabeza montada a caballo. Algunos dicen que se trata del fantasma de un mercenario, decapitado por la bola de un cañón en alguna batalla olvidada durante la guerra de la Independencia, y que es visto de vez en cuando por los campesinos avanzando en la oscuridad de la noche, como llevado por las alas del viento. Sus apariciones no solo ocurren en el valle, sino que a veces se extienden a los caminos cercanos, especialmente a las inmediaciones de una parroquia a poca distancia. De hecho, algunos de los historiadores más fidedignos con la historia de esta zona, aquellos que cuidadosamente recopilan y ordenan los hechos circulantes referidos a este espectro, alegan que el cuerpo del mercenario fue enterrado en el cementerio, que los fantasmas cabalgan hacia el lugar de la batalla en una búsqueda nocturna de su cabeza y que si va al galope a través del valle, como una ráfaga nocturna, es porque va con retraso y se apresura para regresar al camposanto antes de que amanezca.

Tal es la importancia de esta superstición legendaria, siendo alimento de muchas de las salvajes historias de esta región de sombras, que el espectro es conocido en todos los rincones del país con el nombre de «El jinete sin cabeza de Sleepy Hollow».

Es notable que esta predisposición a las visiones que he mencionado no se limitaba a los habitantes nativos del valle, sino que inconscientemente imbuía a todo aquel que residiera allí durante un tiempo. Independientemente de lo despiertos que hubieran estado antes de entrar en la somnolienta región, con seguridad, en poco tiempo, ellos inhalarían las influencias de la brujería en el aire y empezarían a volverse imaginativos, a tener vívidos sueños y a ver apariciones.

Hago hincapié todo lo posible en este pacífico rincón porque se trata de uno de los pocos valles donde se retiraron los emigrantes holandeses que se encontraban diseminados a lo largo y ancho del gran estado de Nueva York, logrando conservar su población, modales y

with local **tales**, haunted spots, and twilight superstitions; stars shoot and meteors glare oftener across the valley than in any other part of the country, and the nightmare, with her whole ninefold, seems to make it the favorite scene of her gambols.

The dominant spirit, however, that haunts this enchanted region, and seems to be **commander-in-chief** of all the powers of the air, is the apparition of a figure on horseback, without a head. It is said by some to be the ghost of a Hessian trooper, whose head had been carried away by a cannon-ball, in some **nameless** battle during the Revolutionary War, and who is **ever and anon** seen by the country folk hurrying along in the **gloom** of night, as if on the wings of the wind. His haunts are not confined to the valley, but extend at times to the adjacent roads, and especially to the **vicinity** of a church at no great distance. Indeed, certain of the most authentic historians of those parts, who have been careful in collecting and **collating** the floating facts concerning this spectre, **allege** that the body of the trooper having been buried in the **churchyard**, the ghost rides forth to the scene of battle in nightly **quest** of his head, and that the rushing speed with which he sometimes passes along the Hollow, like a midnight **blast**, is owing to his being **belated**, and in a hurry to get back to the churchyard before daybreak.

Such is the general **purport** of this legendary superstition, which has furnished materials for many a wild story in that region of shadows; and the spectre is known at all the country firesides, by the name of the Headless Horseman of Sleepy Hollow.

It is remarkable that the visionary propensity I have mentioned is not confined to the native inhabitants of the valley, but is unconsciously **imbibed** by every one who resides there for a time. However **wide awake** they may have been before they entered that sleepy region, they are sure, in a little time, to inhale the witching influence of the air, and begin to grow imaginative, to dream dreams, and see apparitions.

I mention this peaceful spot with all possible laud, for it is in such little retired Dutch valleys, found here and there embosomed in the great State of New York, that population, manners, and

costumbres; mientras la torrencial inmigración y el crecimiento iban transformando, de una forma continua, los otros territorios de este país inquieto. Son como esos remansos de agua calma en las orillas del curso rápido de un arroyo, donde puedes ver la paja y las burbujas flotando tranquilamente o revolviéndose despacio en una suerte de bahía, imperturbables a pesar de lo rápido que pasa la corriente. Aunque han transcurrido muchos años desde que pisé las sombras somnolientas de Sleepy Hollow, todavía me pregunto si no encontraré aún los mismos árboles y a las mismas familias, inmóviles en su refugio.

En este rincón de la naturaleza moraba, en una época remota de la historia norteamericana, más concretamente hace unos treinta años, un hombre respetable llamado Ichabod Crane, que pasaba una temporada o, en sus propias palabras, «esperaba» en Sleepy Hollow con el propósito de instruir a los niños de la zona. Era originario de Connecticut, un estado que ofrecía a la Unión pioneros en materia de educación y montaña, y enviaba cada cuatro años a sus legiones de leñadores a las fronteras y de maestros al campo. El apellido Crane[6] definía bien a su persona. Era alto, pero demasiado escuálido, de hombros estrechos, largas extremidades, manos que colgaban a una milla de distancia de sus mangas y pies que bien podrían haber servido como palas. Su figura entera parecía estar compuesta con descuido. Tenía la cabeza pequeña, y plana en su parte superior, las orejas grandes, vidriosos ojos, verdes y saltones, y una nariz larga y puntiaguda, así que en conjunto parecía una veleta con forma de gallo levantada sobre la aguja de una rueca que indicaba hacia dónde soplaba el viento. Al verlo dando zancadas a lo largo de una colina en un día ventoso, con la ropa holgada bailando sobre él, uno podría confundirlo con el Dios de la Hambruna descendiendo a la tierra, o con un espantapájaros que ha huido del maizal.

Su escuela consistía en un edificio bajo, de una sola habitación, construido con troncos de forma rudimentaria, con ventanas parcialmente acristaladas y parcialmente reparadas con hojas de viejos cuadernos. Cuando estaba vacío, se protegía ingeniosamente con un

6. N. del T. Crane, literalmente 'grulla', también se utiliza como verbo (*to crane*), 'estirar el cuello'.

customs remain fixed, while the great torrent of migration and **improvement**, which is making such incessant changes in other parts of this restless country, sweeps by them unobserved. They are like those little **nooks** of still water, which border a rapid **stream**, where we may see the **straw** and bubble riding quietly at anchor, or slowly revolving in their mimic **harbor**, undisturbed by the rush of the passing current. Though many years have elapsed since I **trod** the drowsy shades of Sleepy Hollow, yet I question whether I should not still find the same trees and the same families vegetating in its sheltered bosom.

In this **by-place** of nature there **abode**, in a remote period of American history, that is **to say**, some thirty years since, a **worthy wight** of the name of Ichabod Crane, who **sojourned**, or, as he expressed it, "tarried," in Sleepy Hollow, for the purpose of instructing the children of the vicinity. He was a native of Connecticut, a State which supplies the Union with pioneers for the mind as well as for the forest, and sends forth yearly its legions of frontier **woodmen** and country schoolmasters. The **cognomen** of Crane was not inapplicable to his person. He was tall, but exceedingly lank, with narrow shoulders, long arms and legs, hands that **dangled** a mile out of his sleeves, feet that might have served for **shovels**, and his whole frame most loosely hung together. His head was small, and flat at top, with huge ears, large green glassy eyes, and a long snipe nose, so that it looked like a **weather-cock** perched upon his spindle neck to tell which way the wind blew. To see him **striding** along the profile of a hill on a windy day, with his clothes bagging and fluttering about him, one might have mistaken him for the genius of famine descending upon the earth, or some **scarecrow** eloped from a cornfield.

His schoolhouse was a low building of one large room, rudely constructed of **logs**; the windows partly glazed, and partly patched with leaves of old **copybooks**. It was most ingeniously secured at vacant hours,

00:08'04"

pomo de mimbre trenzado en la puerta y estacas que fijaban los postigos de las ventanas –una idea que probablemente tomó prestada del arquitecto Yost Van Houten del misterio de una nasa,[7] así que aun habiendo podido entrar un ladrón con facilidad, se hubiera sentido humillado al no poder salir. La escuela se encontraba en un lugar bastante solitario, pero agradable, justo al pie de una colina boscosa, con un arroyo que corría cerca y un magnífico abedul creciendo al fondo. Por ello desde la verja podía escucharse el tenue murmullo de las voces de sus alumnos, memorizando las lecciones, en un día somnoliento de verano, como el zumbido de una colmena, e interrumpido de vez en cuando por la autoritaria voz del maestro, en tono de orden o amenaza, o, tal vez, por el terrible sonido de la vara, que usaba con aquellos alumnos que merodeaban con demasiada lentitud por el floreado camino del conocimiento. A decir verdad, era un hombre concienzudo que siempre tenía en cuenta la regla de oro, «El que escatima la vara, arruina a su hijo».[8] Y los alumnos de Ichabod Crane ciertamente no iban a arruinarse.

Sin embargo, no quiero presentarlo como uno de esos tiranos crueles que disfrutan castigando a sus súbditos; al contrario, administraba justicia con criterio más que con severidad, quitando peso de la espalda de los débiles y cargándolo sobre la de los fuertes. Ese joven enclenque, que se retorcía de dolor al menor roce de la vara, era perdonado con indulgencia; sus ansias de justicia las satisfacía aplicando doble ración en el trasero de algunos muchachos holandeses traviesos, tercos y desobedientes, que tras la vara se enfadaban y se crecían, volviéndose obstinados y huraños. Él se refería a esto como «desempeñar la labor que deberían hacer los padres», y nunca aplicaba un castigo sin la reconfortante seguridad, tan consoladora para el joven dolorido, de que «lo recordaría y se lo agradecería hasta el último día de su vida». Cuando terminaba la jornada en la escuela, incluso era compañero de juegos

7. N. del T. Red de pesca pasiva para atrapar anguilas que funciona como un embudo inverso.

8. N. del T. Pasaje de la Biblia, Proverbios 13:24.

by a **withe twisted** in the handle of the door, and **stakes** set against the window **shutters**; so that though a thief might get in with perfect ease, he would find some embarrassment in getting out,–an idea most probably borrowed by the architect, Yost Van Houten, from the mystery of an eelpot. The schoolhouse stood in a rather lonely but pleasant situation, just at the foot of a woody hill, with a brook running close by, and a formidable **birch-tree** growing at one end of it. From hence the low murmur of his pupils' voices, conning over their lessons, might be heard in a drowsy summer's day, like the **hum** of a **beehive**; interrupted now and then by the authoritative voice of the master, in the tone of menace or command, or, **peradventure**, by the appalling sound of the birch, as he urged some tardy **loiterer** along the flowery path of knowledge. **Truth to say**, he was a conscientious man, and ever **bore in mind** the golden **maxim**, "Spare the rod and spoil the child." Ichabod Crane's scholars certainly were not spoiled.

I would not have it imagined, however, that he was one of those cruel **potentates** of the school who joy in the smart of their subjects; on the contrary, he administered justice with discrimination rather than severity; taking the burden off the backs of the weak, and laying it on those of the strong. Your **mere puny** stripling, that winced at the least flourish of the rod, was passed by with indulgence; but the claims of justice were satisfied by inflicting a double portion on some little tough wrong-headed, broad-skirted Dutch urchin, who sulked and swelled and grew dogged and **sullen** beneath the birch. All this he called "doing his duty by their parents;" and he never inflicted a **chastisement** without following it by the assurance, so consolatory to the smarting urchin, that "he would remember it and thank him for it the longest day he had to live." When school hours were over, he was even the companion and

y amigo de los muchachos mayores; y las tardes de los festivos custodiaba a algunos de los más pequeños en el camino a casa, aquellos que tuviesen hermanas bonitas o buenas amas de casa o madres, lo que se podía observar por la calidad de la despensa. De hecho, le convenía mantener buena relación con sus alumnos porque la paga resultante del colegio era pequeña y a duras penas suficiente para proveerse del pan diario –tenía un apetito insaciable– ya que, a pesar de su aspecto escuálido, poseía un estómago capaz de dilatarse tanto como el de una anaconda. Como una ayuda a su manutención, de acuerdo con las costumbres de estos lares, se le daba hospedaje y comida en las casas de los granjeros a cuyos hijos enseñaba. Por ello vivía al día, haciendo rondas por el vecindario, con todo su aire cosmopolita recogido en el pañuelo de algodón que llevaba.

Todo esto parecía demasiado pesado para las carteras de sus jefes rurales, que eran propensos a considerar los costes de la enseñanza como una dolorosa carga, y a los maestros como simples esclavos, así que él tenía que encontrar la forma de resultar a la par útil y cortés. Ocasionalmente ayudaba a los granjeros en las tareas ligeras de sus granjas, ayudaba a apilar heno, arreglaba las vallas, llevaba a los caballos al bebedero y a las vacas a pastar y en invierno cortaba madera para la hoguera. En esas ocasiones dejaba de lado la dominante dignidad y absoluta influencia que ejercía en la escuela –su pequeño imperio– y se volvía maravillosamente amable y agradecido. Alababa a las madres haciendo mimos a los niños, especialmente a los bebés, y como el valiente león, que antiguamente de forma tan magnánima apresaba al cordero, sentaba a los niños en sus rodillas y mecía la cuna con el pie durante horas.

Además de sus otras actividades, era el maestro de canto de la zona, y recibía algunos chelines brillantes instruyendo a los jóvenes en el salmo. Le enorgullecía mucho colocarse cada domingo al frente del coro de la iglesia, con la banda de cantantes elegidos, lo que a su juicio era como arrebatarle la rama de palma[9] al cura. Cierto es que su voz resonaba muy por encima de las del resto de la congregación, y todavía hoy en

9. N. del T. La rama de palma simboliza la victoria en la tradición cristiana.

playmate of the larger boys; and on holiday afternoons would **convoy** some of the smaller ones home, who happened to have pretty sisters, or good housewives for mothers, noted for the comforts of the cupboard. Indeed, it **behooved** him to keep on good terms with his pupils. The **revenue** arising from his school was small, and would have been scarcely sufficient to furnish him with daily bread, for he was a huge feeder, and, though lank, had the dilating powers of an anaconda; but to help out his maintenance, he was, according to country custom in those parts, boarded and lodged at the houses of the farmers whose children he instructed. With these he lived successively a week at a time, thus going the rounds of the neighborhood, with all his worldly effects tied up in a cotton handkerchief.

That all this might not be too **onerous** on the purses of his rustic patrons, who are apt to consider the costs of schooling a grievous burden, and schoolmasters as mere drones, he had various ways of rendering himself both useful and agreeable. He assisted the farmers occasionally in the lighter labors of their farms, helped to make hay, mended the fences, took the horses to water, drove the cows from pasture, and cut wood for the winter fire. He **laid aside**, too, all the dominant dignity and absolute **sway** with which he lorded it in his little empire, the school, and became wonderfully gentle and ingratiating. He **found favor** in the eyes of the mothers by **petting** the children, particularly the youngest; and like the lion **bold**, which **whilom** so magnanimously the lamb did hold, he would sit with a child on one knee, and rock a **cradle** with his foot for whole hours together.

In addition to his other vocations, he was the singing-master of the neighborhood, and picked up many bright shillings by instructing the young folks in psalmody. It was a matter of no little vanity to him on Sundays, to take his station in front of the church gallery, with a band of **chosen** singers; where, in his own mind, he completely carried away the palm from the **parson**. Certain it is, his voice resounded far above all the rest of the congregation; and there are peculiar quavers

día, los domingos más silenciosos, pueden escucharse algunos trinos desde esa iglesia hasta media milla de distancia, en dirección contraria al embalse, que dicen han descendido directamente de la nariz de Ichabod Crane. Era gracias a esa improvisada forma de apañárselas, lo que ingeniosamente él denominaba «de aquella otra manera», que el digno pedagogo logró que el pueblo lo tolerara, aunque aquellos que nada sabían de los trabajos del intelecto se limitaban a pensar que tenía una forma de ganarse la vida de lo más sencilla.

El profesor era habitualmente un hombre de cierta importancia entre el círculo femenino de las comunidades rurales. Se le consideraba una especie de holgazán, un personaje caballeresco, con un gusto y virtudes ampliamente superiores a las de los rudos pretendientes campesinos, y, de hecho, en lo que se refiere a conocimientos, solo inferior al cura. Su apariencia, no obstante, ocasionaba siempre revuelo a la hora del té, momento en el que desfilaba un buen número de platos con tartas y dulces, y, ocasionalmente, alguna tetera de plata. Nuestro hombre de letras, por lo tanto, era especialmente feliz entre las sonrisas de todas las damiselas de campo. Cómo quedaría entre ellas en el cementerio, durante los servicios dominicales, recogiendo uvas para ellas de las viñas salvajes que invadían las inmediaciones, recitando para entretenerlas todos los epitafios de las tumbas, o paseando con un rebaño entero de ellas a lo largo de la orilla del estanque cercano, mientras que los paletos más tímidos se quedarían atrás avergonzados, envidiando su elegancia y maneras superiores.

Debido a su vida semiitinerante, también, se había convertido en una suerte de periódico ambulante. Llevaba todo tipo de chismes locales de casa en casa, así que su aparición siempre era bienvenida. Era, además, considerado como un gran erudito por las mujeres, ya que había leído varios libros y era experto en *Historia de la brujería en Nueva Inglaterra,* de Cotton Mather, en la que, por cierto, creía firme y poderosamente.

En realidad, Ichabod poseía una extraña mezcla de limitada astucia y simplona inocencia. Su apetito por lo maravilloso y su capacidad de digerirlo eran igualmente extraordinarios, y ambos se habían incrementado debido a su estancia en esta región encantada. Ninguna leyenda era

still to be heard in that church, and which may even be heard half a mile off, quite to the opposite side of the **millpond**, on a still Sunday morning, which are said to be legitimately descended from the nose of Ichabod Crane. Thus, by divers little **makeshifts**, in that ingenious way which is commonly denominated "**by hook and by crook**," the worthy pedagogue got on tolerably enough, and was thought, by all who understood nothing of the labor of headwork, to have a wonderfully easy life of it.

The schoolmaster is generally a man of some importance in the female circle of a rural neighborhood; being considered **a kind of idle**, gentlemanlike personage, of vastly superior taste and accomplishments to the rough country **swains**, and, indeed, inferior in learning only to the parson. His appearance, therefore, is apt to occasion some little stir at the tea-table of a farmhouse, and the addition of a supernumerary dish of cakes or **sweetmeats**, or, peradventure, the parade of a silver teapot. Our man of letters, therefore, was peculiarly happy in the smiles of all the country damsels. How he would figure among them in the churchyard, between services on Sundays; gathering grapes for them from the wild vines that overran the surrounding trees; reciting for their amusement all the epitaphs on the tombstones; or **sauntering**, with a whole **bevy** of them, along the banks of the adjacent millpond; while the more **bashful** country **bumpkins** hung sheepishly back, envying his superior elegance and address.

From his half-itinerant life, also, he was a kind of travelling **gazette**, carrying the whole budget of local **gossip** from house to house, so that his appearance was always greeted with satisfaction. He was, moreover, esteemed by the women as a man of great erudition, for he had read several books quite through, and was a perfect master of Cotton Mather's "History of New England Witchcraft," in which, by the way, he most firmly and potently believed.

He was, in fact, an odd mixture of small **shrewdness** and simple credulity. His appetite for the marvellous, and his powers of digesting it, were equally extraordinary; and both had been increased by his residence in this **spell-bound** region. No tale was

00:14'49"

demasiado tosca o monstruosa para sus amplias tragaderas. A menudo, por las tardes, cuando se terminaban las clases, disfrutaba tumbándose sobre la extensión de tréboles que bordeaba el arroyo cuyo murmullo se escuchaba desde el colegio, y allí disfrutaba leyendo las terroríficas historias del viejo Mather, hasta que se concentraba la oscuridad del crepúsculo y convertía la letra impresa en una niebla para sus ojos. Entonces, mientras emprendía su camino de vuelta atravesando el pantano, el arroyo y el horrible bosque, hacia la granja donde ese día lo hospedaban, cada sonido de la naturaleza, a aquella hora embrujada, hacía palpitar su excitada imaginación –el gemido del guabairo desde la colina, el grito de mal augurio del sapo del árbol, el presagio de la tormenta, el sombrío ulular del búho gritón o la repentina espantada de unos pájaros en la arboleda al huir del gallinero–. También las luciérnagas, que brillaban con mayor intensidad en los lugares más oscuros, de vez en cuando lo sorprendían como un resplandor inesperado que atravesaba su camino, y si, por casualidad, un escarabajo grande y torpe batía sus alas contra él por error, el pobre granuja se preparaba para rendirse a los fantasmas, convencido de haber sido golpeado por una bruja imaginaria. Su único recurso en esas ocasiones, ya fuera para ahogar o ahuyentar a los espíritus malignos, era entonar los salmos. Los buenos parroquianos de Sleepy Hollow, sentados en sus puertas al atardecer, a menudo se llenaban de asombro al escuchar sus melodías nasales, «en dulce consonancia con la eternidad», que flotaban desde una colina distante o desde el oscuro camino.

Otra de sus maneras de divertirse peligrosamente era pasar las largas tardes de invierno con las esposas de los colonos holandeses. Se sentaban frente al fuego, con una fila de manzanas asándose y crepitando en la chimenea, e Ichabod escuchaba sus increíbles historias sobre fantasmas y duendes, y bosques encantados, y arroyos encantados, y puentes encantados, y casas encantadas, y especialmente «La leyenda del jinete sin cabeza» o de «El mercenario galopante del valle», como a veces lo llamaban. Él también las complacía con sus anécdotas sobre brujería y con los terribles presagios y visiones aciagas y sonidos en el aire, provenientes de su época en Connecticut; asimismo las asustaba terriblemente con conjeturas acerca de cometas y estrellas fugaces, y

too gross or monstrous for his capacious **swallow**. It was often his delight, after his school was dismissed in the afternoon, to stretch himself on the rich bed of **clover** bordering the little brook that **whimpered** by his schoolhouse, and there con over old Mather's **direful** tales, until the gathering dusk of evening made the printed page a mere **mist** before his eyes. Then, as he **wended** his way by swamp and stream and awful woodland, to the farmhouse where he happened to be quartered, every sound of nature, at that witching hour, fluttered his excited imagination,–the moan of the **whip-poor-will** from the hillside, the boding cry of the tree **toad**, that **harbinger** of storm, the dreary hooting of the screech owl, or the sudden rustling in the thicket of birds frightened from their roost. The **fireflies**, too, which sparkled most vividly in the darkest places, now and then startled him, as one of uncommon brightness would stream across his path; and if, by chance, a huge blockhead of a beetle came winging his blundering flight against him, the poor varlet was ready to give up the ghost, with the idea that he was struck with a witch's token. His only resource on such occasions, either to drown thought or drive away evil spirits, was to sing psalm tunes and the good people of Sleepy Hollow, as they sat by their doors of an evening, were often filled with **awe** at hearing his nasal melody, "in linked sweetness long **drawn out**," floating from the distant hill, or along the dusky road.

Another of his sources of fearful pleasure was to pass long winter evenings with the old Dutch wives, as they sat spinning by the fire, with a row of apples roasting and spluttering along the **hearth**, and listen to their marvellous tales of ghosts and goblins, and haunted fields, and haunted brooks, and haunted bridges, and haunted houses, and particularly of the headless horseman, or Galloping Hessian of the Hollow, as they sometimes called him. He would delight them equally by his anecdotes of witchcraft, and of the direful **omens** and portentous sights and sounds in the air, which prevailed in the earlier times of Connecticut; and would frighten them **woefully** with speculations upon comets and shooting stars; and

con el hecho alarmante de que el mundo seguía de hecho girando, ¡cuando la mayor parte del tiempo estaban totalmente desquiciados!

No obstante, si algo lo satisfacía era cuando se hacían arrumacos cómodamente frente a la chimenea de una habitación complemente iluminada por el rojo de los leños crepitando en el fuego, y donde, por supuesto, ningún espíritu se atrevía a enseñar su rostro. Pero los terrores lo alcanzaban más tarde cuando hacía el camino de vuelta a casa. ¡Qué formas más terribles lo asediaban en su camino, en medio del sombrío y horrible brillo de la noche nevada! ¡Con qué melancólica mirada observaba cada rayo de luz tembloroso que se filtraba a través de los campos estériles desde alguna ventana distante! ¡Cuán a menudo lo paralizaba algún arbusto cubierto de nieve, que, como un fantasma cubierto por una sábana, asediaba su misma vereda! ¡Con qué frecuencia se encogía con espeluznante sorpresa a causa del sonido de sus propios pasos sobre la capa de hielo, temiendo mirar por encima de sus hombros, por temor a encontrarse a algún misterioso ser caminando pegado a sus espaldas! ¡Y cuántas veces se apoderaba de él un absoluto desaliento cuando escuchaba un aullido entre los árboles y estaba seguro de que se trataba del mercenario galopante en una de sus expediciones nocturnas!

Pero todo esto, sin embargo, no eran más que terrores nocturnos, fantasmas de la mente que caminaban en la oscuridad; y aunque había visto muchos espíritus a lo largo de su vida y había sido más de una vez acosado por Satán en diversas formas, en su solitario deambular, el amanecer siempre daba fin a todos esos demonios. Él hubiera podido convivir felizmente con ello, a pesar del Diablo y todos sus esfuerzos, si en su camino no se hubiera cruzado un ser que causa más perplejidad al hombre mortal que los fantasmas, duendes y toda la raza de brujas juntas: esto era una mujer.

Entre los discípulos de canto que se congregaban una tarde a la semana para recibir clases de salmo, estaba Katrina Van Tassel, la hija única de un importante granjero holandés. Era una floreciente muchacha de dieciocho años recién cumplidos, entrada en carnes, madura y suave, y de mejillas sonrosadas como uno de los melocotones de su padre, y

with the alarming fact that the world did absolutely turn round, and that they were half the time **topsy-turvy**!

But if there was a pleasure in all this, while **snugly cuddling** in the chimney corner of a chamber that was all of a ruddy glow from the crackling wood fire, and where, of course, no spectre dared to show its face, it was dearly purchased by the terrors of his subsequent walk **homewards**. What fearful shapes and shadows **beset** his path, **amidst** the dim and **ghastly** glare of a snowy night! With what **wistful** look did he eye every trembling ray of light streaming across the waste fields from some distant window! How often was he appalled by some **shrub** covered with snow, which, like a sheeted spectre, beset his very path! How often did he shrink with **curdling** awe at the sound of his own steps on the frosty crust beneath his feet; and dread to look over his shoulder, **lest** he should behold some uncouth being tramping close behind him! And how often was he thrown into complete **dismay** by some rushing blast, howling among the trees, in the idea that it was the Galloping Hessian on one of his nightly **scourings**!

All these, however, were mere terrors of the night, phantoms of the mind that walk in darkness; and though he had seen many spectres **in his time**, and been more than once beset by Satan in divers shapes, in his lonely perambulations, yet daylight put an end to all these evils; and he would have passed a pleasant life of it, in despite of the Devil and all his works, if his path had not been crossed by a being that causes more perplexity to mortal man than ghosts, goblins, and the whole race of witches put together, and that was–a woman.

Among the musical disciples who assembled, one evening in each week, to receive his instructions in psalmody, was Katrina Van Tassel, the daughter and only child of a substantial Dutch farmer. She was a blooming lass of fresh eighteen; **plump as a partridge**; ripe and melting and rosy-cheeked as one of her father's peaches, and

conocida universalmente no solo por su belleza, sino también por sus grandes expectativas. Era, con todo, bastante coqueta, lo que se veía incluso en su vestir, que era una mezcla de la moda antigua y la moderna, muy adecuada para mostrar sus encantos. Llevaba adornos de oro macizo que su tatarabuela había traído desde Saardam; una seductora pechera de la época antigua y unas provocadoras enaguas cortas que mostraban los más hermosos pies y tobillos de los alrededores.

Ichabod Crane tenía un suave y alocado corazón en lo que se refiere al sexo, así que no es de extrañar que un bocado tan tentador pronto causara efecto en su mirada, especialmente después de haberla visitado en la mansión de su padre. El viejo Baltus Van Tassell era la viva imagen de un granjero próspero, satisfecho y de corazón generoso. Es cierto que rara vez posaba su mirada o sus pensamientos más allá de los límites de su granja; dentro de ella todo era acogedor, feliz y bien acondicionado. Estaba satisfecho con su riqueza, pero no presumía de ella; prefería un estilo de vida basado en la sana abundancia más que en el lujo. Sus dominios estaban situados a las orillas del Hudson, en uno de esos verdes, protegidos y fértiles rincones en los que los granjeros holandeses les gustaba tanto establecerse. Un gran olmo extendía sus amplias ramas sobre la granja, y a sus pies borboteaba un manantial de la más suave y dulce agua que era recogida en un buen barril, y que salpicaba a través de la hierba hasta un arroyo cercano, el cual corría entre alisos y sauces enanos. Cerca de la casa había un granero tan grande que podría haber servido como iglesia; cada ventana y grieta parecían a punto de reventar por la cantidad de tesoros de la granja; la cosechadora resonaba desde el amanecer al anochecer; las golondrinas y los vencejos trinaban, volando a ras de las cornisas del tejado; y las hileras de palomas disfrutaban de la luz del sol en el tejado, algunas con los ojos vueltos hacia arriba, observando el tiempo, algunas con la cabeza bajo las alas o enterradas en sus vientres, y otras hinchándose, canturreando y haciendo reverencias a sus hembras. Cerdos grandes y torpes gruñían descansando en su amplia cerca, desde donde salían, de vez en cuando, grupos de crías arrugando el hocico, como si olfatearan el aire. Un escuadrón majestuoso de gansos blancos como la nieve nadaba en un estanque cercano,

universally famed, not merely for her beauty, but her vast expectations. She was withal a little of a coquette, as might be perceived even in her dress, which was a mixture of ancient and modern fashions, as most suited to set off her charms. She wore the ornaments of pure yellow gold, which her great-great-grandmother had brought over from Saardam; the tempting stomacher of the olden time, and withal a provokingly short petticoat, to display the prettiest foot and ankle in the country round.

Ichabod Crane had a soft and foolish heart towards the sex; and it is not to be wondered at that so tempting a morsel soon found favor in his eyes, more especially after he had visited her in her paternal mansion. Old Baltus Van Tassel was a perfect picture of a thriving, contented, liberal-hearted farmer. He **seldom**, it is true, sent either his eyes or his thoughts beyond the boundaries of his own farm; but within those everything was snug, happy and well-conditioned. He was satisfied with his wealth, but not proud of it; and piqued himself upon the hearty abundance, rather than the style in which he lived. His stronghold was situated on the banks of the Hudson, in one of those green, sheltered, fertile nooks in which the Dutch farmers are so fond of nestling. A great elm tree spread its broad branches over it, at the foot of which bubbled up a spring of the softest and sweetest water, in a little well formed of a barrel; and then stole sparkling away through the grass, to a neighboring brook, that babbled along among alders and **dwarf** willows. Hard by the farmhouse was a vast barn, that might have served for a church; every window and crevice of which seemed bursting forth with the treasures of the farm; the flail was busily resounding within it from morning to night; swallows and martins skimmed twittering about the eaves; and rows of **pigeons**, some with one eye turned up, as if watching the weather, some with their heads under their wings or buried in their bosoms, and others swewhiterlling, and cooing, and bowing about their dames, were enjoying the sunshine on the roof. Sleek unwieldy porkers were grunting in the repose and abundance of their pens, from whence sallied forth, now and then, troops of sucking pigs, as if to snuff the air. A stately squadron of snowy geese were riding in an adjoining **pond**,

escoltando manadas enteras de patos; regimientos de pavos estaban graznando por toda la granja, cosa que molestaba a las gallinas de Guinea, haciendo que se comportaran como esposas malhumoradas, con sus gritos de irritación y descontento. El elegante gallo se pavoneaba delante de la puerta del granero, a semejanza de un marido, un guerrero y un distinguido caballero, aplaudiendo sus alas lustrosas y cacareando con orgullo y alegría en su corazón, a veces rompiendo en mil pedazos la tierra con los pies, y entonces llamando generosamente a su familia siempre hambrienta de mujeres y niños para disfrutar del delicioso bocado que había descubierto.

Al maestro se le hacía la boca agua mirando esta suntuosa promesa de lujosos alimentos invernales. En su mente glotona, se imaginaba asado y en su estómago cada cerdo que chapoteaba en la charca, con una manzana en la boca; a las palomas descansando en un confortable pastel y arropadas con una buena cobertura; los gansos nadando en su propia salsa y los patos emparejados placenteramente en los platos, como en una habitación de casados, con una cantidad aceptable de salsa de cebolla. En las porquerizas vio futuras tiras de beicon brillantes y jugoso jamón; cada pavo que miraba estaba deliciosamente trufado, con su molleja bajo el ala y, tal vez, con un collar de sabrosas salchichas; incluso el mismísimo gallo estaba tumbado sobre su espalda, en una bandeja, con las garras en lo alto, como pidiendo la rendición que en vida era demasiado arrogante para pedir.

Mientras el embelesado Ichabod imaginaba todo esto y giraba sus grandes ojos verdes posándolos sobre las grandes praderas, los ricos campos de trigo, de centeno, de alforfón, el maíz criollo y los árboles llenos de frutos maduros que rodeaban la acogedora casa de Van Tassel, su corazón ansiaba a la damisela que heredaría esos dominios, y su imaginación se disparaba con esta idea, sobre cómo lo convertirían de inmediato en dinero efectivo y lo invertirían en extensiones inmensas de tierra salvaje y en palacios de piedra en medio de la naturaleza. En su viva imaginación cumplía todos sus sueños y veía a la floreciente Katrina con una prole entera de niños, amontonados en lo alto de una carreta cargada con enseres domésticos, con botes y calderas colgando por debajo; él se veía subido a horcajadas en una yegua, con un

convoying whole fleets of ducks; regiments of turkeys were gobbling through the farmyard, and Guinea fowls fretting about it, like **ill-tempered** housewives, with their peevish, discontented cry. Before the barn door strutted the gallant cock, that pattern of a husband, a warrior and a fine gentleman, clapping his **burnished** wings and crowing in the pride and gladness of his heart,–sometimes tearing up the earth with his feet, and then generously calling his ever-hungry family of wives and children to enjoy the rich morsel which he had discovered.

The pedagogue's mouth watered as he looked upon this sumptuous promise of luxurious winter fare. In his devouring mind's eye, he pictured to himself every roasting-pig running about with a pudding in his belly, and an apple in his mouth; the pigeons were snugly put to bed in a comfortable pie, and tucked in with a coverlet of crust; the geese were swimming in their own gravy; and the ducks pairing cosily in dishes, like snug married couples, with a decent competency of onion sauce. In the porkers he saw carved out the future sleek side of bacon, and juicy relishing ham; not a turkey but he beheld daintily trussed up, with its gizzard under its wing, and, peradventure, a necklace of savory sausages; and even bright **chanticleer** himself lay sprawling on his back, in a side dish, with uplifted claws, as if craving that quarter which his chivalrous spirit disdained to ask while living.

As the **enraptured** Ichabod fancied all this, and as he rolled his great green eyes over the fat meadow lands, the rich fields of wheat, of rye, of buckwheat, and Indian corn, and the orchards burdened with ruddy fruit, which surrounded the warm tenement of Van Tassel, his heart yearned after the damsel who was to inherit these domains, and his imagination expanded with the idea, how they might be readily turned into cash, and the money invested in immense tracts of wild land, and shingle palaces in the wilderness. Nay, his busy fancy already realized his hopes, and presented to him the blooming Katrina, with a whole family of children, mounted on the top of a wagon loaded with household trumpery, with pots and kettles dangling beneath; and he beheld himself bestriding a pacing mare, with a

potrillo a sus pies, partiendo para Kentucky, Tennessee, ¡o hacia Dios sabe dónde!

Cuando entró en la casa, su corazón fue conquistado por completo. Se trataba de una de esas casas de campo espaciosas, con techos altos y ligeramente inclinados, construida con el estilo heredado de los primeros colonos holandeses; los salientes bajos del tejado formaban una plaza a lo largo de la parte delantera, que podía cerrarse cuando hacía mal tiempo. Bajo ella colgaban mayales, arneses, utensilios varios de cría de animales y redes para pescar en el río colindante. Había bancos construidos a los lados para el uso veraniego;, una gran rueca al final y una mantequera al otro lado, todos ellos mostrando los usos diversos a los que este importante porche podía dedicarse. Desde la plaza el sorprendido Ichabod entró en la sala, que formaba el centro de la mansión y lugar de residencia habitual. Aquí lo deslumbraron las hileras de vajilla resplandeciente que se balanceaban en un gran aparador. En una esquina había una gran bolsa de lana, lista para ser tejida; en otra, una gran cantidad de tela de lana y algodón recién llegada del telar; mazorcas de maíz criollo y tiras con manzanas y melocotones secos colgando en alegres cenefas a lo largo de las paredes, mezclados con los adornos de pimientas rojas. Una puerta entornada le permitió echar una ojeada a la sala principal, donde las sillas con patas en forma de garras y las mesas de caoba oscuro brillaban como espejos; troncos para la chimenea, con su respectiva pala y unas tenazas, relucían bajo su cubierta como puntas de espárragos; falsos naranjos y conchas de caracolas decoraban el mantel; tiras de huevos de pájaro de varios colores estaban suspendidos encima; un gran huevo de avestruz colgaba del centro de la habitación, y la despensa de la esquina, dejada abierta a propósito, mostraba inmensos tesoros de plata antigua y porcelana bien conservada.

Desde el momento en el que Ichabod miró por primera vez estos territorios de placer, la paz en su mente tuvo un propósito y su única materia de estudio fue cómo ganar el afecto de la hija única de Van Tassel. Para este propósito, sin embargo, tuvo más dificultades reales que las que generalmente se le habían interpuesto al caballero errante en el pasado, cuya sabiduría únicamente se componía de gigantes,

colt at her heels, setting out for Kentucky, Tennessee,–or the Lord knows where!

When he entered the house, the conquest of his heart was complete. It was one of those spacious farmhouses, with high-ridged but lowly **sloping** roofs, built in the style **handed down** from the first Dutch settlers; the low projecting eaves forming a piazza along the front, capable of being closed up in bad weather. Under this were hung flails, harness, various utensils of husbandry, and nets for fishing in the neighboring river. Benches were built along the sides for summer use; and a great spinning-wheel at one end, and a churn at the other, showed the various uses to which this important porch might be devoted. From this piazza the wondering Ichabod entered the hall, which formed the centre of the mansion, and the place of usual residence. Here rows of resplendent pewter, ranged on a long **dresser**, dazzled his eyes. In one corner stood a huge bag of wool, ready to be spun; in another, a quantity of linsey-woolsey just from the loom; ears of Indian corn, and strings of dried apples and peaches, hung in gay festoons along the walls, mingled with the gaud of red peppers; and a door left ajar gave him a peep into the best parlor, where the claw-footed chairs and dark mahogany tables shone like mirrors; andirons, with their accompanying shovel and tongs, glistened from their covert of asparagus tops; mock-oranges and conch-shells decorated the mantelpiece; strings of various-colored birds eggs were suspended above it; a great ostrich egg was hung from the centre of the room, and a corner cupboard, knowingly left open, displayed immense treasures of old silver and well-mended **china**.

From the moment Ichabod laid his eyes upon these regions of delight, the peace of his mind was at an end, and his only study was how to gain the affections of the peerless daughter of Van Tassel. In this enterprise, however, he had more real difficulties than generally fell to the lot of a knight-errant of **yore**, who seldom had anything but giants,

hechiceros, fieros dragones y otro tipo de adversarios igualmente fáciles de vencer, solo había tenido que lidiar y hacerse camino a través de puertas de hierro y latón, y paredes de adamianto[10] para proteger el castillo en el que la mujer que anhelaba estaba confinada: todo lo que él conseguía con la misma facilidad con la que un hombre llega al centro del pastel de Navidad; entonces, la dama le entregaba su mano, como era de esperar. Ichabod, por el contrario, tenía que conquistar el corazón de una presumida de campo, un camino laberíntico plagado de antojos y caprichos, en el que siempre se iban presentando nuevas dificultades e impedimentos; además, se encontraría a una multitud de temibles adversarios de carne y hueso, a numerosos admiradores rústicos, quienes asediaban cada puerta hacia el corazón de Katrina, enfrentados y manteniendo siempre el ojo avizor los unos a los otros, pero siempre listos para unirse por el bien común contra un nuevo competidor.

Entre ellos, el más formidable era un robusto, bárbaro, alborotador espadachín llamado Abraham o, de acuerdo con la abreviación holandesa, Brom Van Brunt, el héroe local, famoso por sus hazañas de fuerza y determinación. Tenía amplios hombros y era muy flexible, con el pelo negro corto y rizado, y expresión desafiante pero no desagradable, dando un aspecto mezclado de diversión y arrogancia. Por su empaque hercúleo y los grandes poderes de sus articulaciones lo habían apodado Brom Bones,[11] nombre por el que se lo conocía universalmente. Era famoso por su gran conocimiento y dominio de la equitación, siendo tan diestro al montar como un tártaro. Quedaba campeón en todas las carreras y peleas de gallos; también, debido al aumento de fuerza corporal que siempre se adquiere en la vida rural, hacía de árbitro en todas las disputas, dejaba su sombrero a un lado y tomaba las decisiones con unos aires y un tono que no daban pie a réplica o súplica. Estaba siempre listo para las peleas y también para las jugarretas, pero tenía un espíritu más travieso que malo, así que pese a toda su autoritaria brusquedad, tenía bajo la superficie un toque de bromista. Tenía tres

10. N. del T. Metal mitológico «más duro que el diamante».

11. N. del T. Huesos de metal.

enchanters, fiery dragons, and such like easily conquered adversaries, **to contend with** and had to make his way merely through gates of iron and brass, and walls of adamant to the castle keep, where the lady of his heart was confined; all which he achieved as easily as a man would carve his way to the centre of a Christmas pie; and then the lady gave him her hand **as a matter of course**. Ichabod, on the contrary, had to win his way to the heart of a country coquette, beset with a labyrinth of **whims** and caprices, which were forever presenting new difficulties and impediments; and he had to encounter a **host** of fearful adversaries **of real flesh and blood**, the numerous **rustic** admirers, who beset every portal to her heart, keeping a watchful and angry eye upon each other, but ready to fly out in the common cause against any new competitor.

Among these, the most formidable was a **burly**, roaring, roystering blade, of the name of Abraham, or, according to the Dutch abbreviation, Brom Van Brunt, the hero of the country round, which rang with his **feats** of strength and **hardihood**. He was broad-shouldered and **double-jointed**, with short curly black hair, and a bluff but not unpleasant **countenance**, having a mingled air of fun and arrogance. From his Herculean frame and great powers of **limb** he had received the nickname of BROM BONES, by which he was universally known. He was famed for great knowledge and skill in **horsemanship**, being as dexterous on horseback as a Tartar. He was foremost at all races and cock fights; and, with the ascendancy which bodily strength always acquires in rustic life, was the **umpire** in all disputes, setting his hat on one side, and giving his decisions with an air and tone that admitted of no **gainsay** or appeal. He was always ready for either a fight or a frolic; but had more mischief than ill-will in his composition; and with all his **overbearing** roughness, there was a strong dash of waggish good humor at bottom. He had three

o cuatro amigos íntimos, que lo tenían por su modelo a seguir, e iba a la cabeza de ellos en sus expediciones por el bosque, ayudando en cada escándalo o riña o fiesta a lo largo de millas a la redonda. Cuando hacía frío se le reconocía por un gorro de piel, decorado con una ostentosa cola de zorro; y cuando la gente del pueblo concurrida divisaba la conocida cresta en la distancia, agitándose entre un grupo de fieros jinetes, sabían que se acercaba una borrasca. A veces se escuchaba a su grupo pasando a lo largo de las granjas a medianoche, entre vítores y silbidos, como una tropa de cosacos; y las viejas damas, desveladas de su sueño, escuchaban durante un rato hasta que la estampida había pasado, y entonces exclamaban: «¡Ay! ¡Ahí va Brom Bones y su banda!». Los vecinos lo veían con una mezcla de temor, admiración y buena voluntad, y cuando cualquier broma descabellada o pelea rural ocurría en las inmediaciones, sacudían la cabeza, convencidos de que Brom Bones estaba metido en el ajo.

Este salvaje héroe había tomado durante un tiempo a la floreciente Katrina como objeto de sus ordinarias galanterías, y aunque sus jugueteos amorosos eran parecidos a las dulces caricias y mimos de un oso, se rumoreaba que ella no había frustrado completamente las esperanzas de Brom. Bien es cierto que sus avances eran una señal de abandono para los otros candidatos, los cuales no tenían la intención de cruzarse por medio en la conquista amorosa de un león; hasta el punto de que cuando su caballo fue visto, un domingo por la noche, atado a la valla de los Van Tassel como clara señal de que su jefe estaba dentro cortejando –o «pretendiendo», como se suele decir–, todos los otros competidores se retiraron de la batalla desesperanzados.

Teniendo en cuenta todos los aspectos, el rival con el que tenía que competir Ichabod Crane era formidable: un hombre más robusto que él habría tenido que encogerse para la competición, y uno más sabio hubiera perdido la esperanza. Él tenía, sin embargo, una feliz combinación de flexibilidad y perseverancia natural; era, en cuerpo y en espíritu, como una vid –flexible pero duro–; se doblaba, pero nunca se rompía, y aunque se inclinaba ante la más ligera presión, aun así, en cuanto el momento pasaba, ¡ras!, volvía a erguirse, con la cabeza ahora más alta que nunca.

or four **boon companions**, who regarded him as their model, and at the head of whom he scoured the country, attending every scene of feud or merriment for miles round. In cold weather he was distinguished by a fur cap, surmounted with a flaunting fox's tail; and when the folks at a country gathering descried this well-known crest at a distance, whisking about among a squad of hard riders, they always stood by for a **squall**. Sometimes his crew would be heard dashing along past the farmhouses at midnight, with **whoop** and halloo, like a troop of Don Cossacks; and the old dames, startled out of their sleep, would listen for a moment till the hurry-scurry had clattered by, and then exclaim, "Ay, there goes Brom Bones and his gang!" The neighbors looked upon him with a mixture of awe, admiration, and good-will; and, when any **madcap** prank or rustic **brawl** occurred in the vicinity, always shook their heads, and warranted Brom Bones was at the bottom of it.

This rantipole hero had for some time singled out the blooming Katrina for the object of his **uncouth** gallantries, and though his amorous **toyings** were something like the gentle caresses and **endearments** of a bear, yet it was whispered that she did not altogether discourage his hopes. Certain it is, his advances were signals for rival candidates to retire, who felt no inclination to cross a lion in his amours; insomuch, that when his horse was seen tied to Van Tassel's paling, on a Sunday night, a sure sign that his master was courting, or, as it is termed, "sparking," within, all other suitors passed by in despair, and carried the war into other quarters.

Such was the formidable rival with whom Ichabod Crane had to contend, and, considering all things, a **stouter** man than he would have shrunk from the competition, and a wiser man would have despaired. He had, however, a happy mixture of **pliability** and perseverance in his nature; he was in form and spirit like a supple-jack–**yielding**, but tough; though he bent, he never broke; and though he bowed beneath the slightest pressure, yet, the moment it was away–jerk!–he was as erect, and carried his head as high as ever.

00:30'59"

Comenzar abiertamente una batalla amorosa contra su rival hubiera sido una locura ya que, al igual que el fogoso Aquiles, Brom no se rendía en asuntos del corazón; por lo tanto, Ichabod hizo sus avances insinuándose de forma discreta y gentil. Disimulando bajo su papel de maestro de canto, visitaba frecuentemente la granja, sin temer en absoluto las posibles intromisiones por parte de los padres, que tan a menudo se interponen en la senda de los enamorados. Balt Van Tassel era un alma fácil y benevolente; amaba a su hija incluso más que a su pipa, y, como hombre razonable y excelente padre, la dejaba salirse con la suya en todo. Su pequeña y destacada esposa, también, tenía suficiente entre sus manos atendiendo las labores domésticas y cuidando de las aves, pues, como la mujer afirmaba con sagacidad, los patos y los gansos son seres alocados que deben ser vigilados, pero las muchachas pueden cuidarse a sí mismas. De este modo, mientras que la atareada dama estaba recogiendo la casa o hilando en la rueca en una esquina de la plaza, el honesto Balt se sentaba a fumar su pipa de la tarde al otro lado, observando los logros de un pequeño guerrero de madera que, armado con una espada en cada mano, se batía contra el viento con la mayor valentía en lo alto del granero. Mientras tanto, Ichabod continuaba con su cortejo a la hija al lado del manantial bajo el gran olmo o paseando con ella al atardecer –esa hora tan favorable para la elocuencia del amante–.

Admito no conocer cómo se cortejan y conquistan los corazones femeninos. Siempre han sido para mí objeto de misterio y admiración. Algunos parecen tener solo un punto vulnerable, una sola puerta de acceso; mientras que otros tienen mil avenidas y podrían ser capturados de mil formas diferentes. Supone un gran triunfo tener la destreza para ganar los primeros, pero aún mayor prueba de liderazgo mantener la posesión de los segundos, ya que el hombre deberá defender su fortaleza en cada puerta y ventana. Aquel que gana mil corazones comunes es por lo tanto merecedor de cierto renombre, pero quien mantiene sin competencia el corazón de una coqueta es ciertamente un héroe. Cierto es que este no era el caso del temible Brom Bones, y desde el momento en el que Ichabod Crane inició sus avances, el interés del primero decayó de forma evidente: su caballo ya

To have taken the field openly against his rival would have been madness; for he was not a man to be **thwarted** in his amours, any more than that stormy lover, Achilles. Ichabod, therefore, made his advances in a quiet and gently insinuating manner. Under cover of his character of singing-master, he made frequent visits at the farmhouse; not that he had anything to apprehend from the **meddlesome** interference of parents, which is so often a **stumbling-block** in the path of lovers. Balt Van Tassel was an easy indulgent soul; he loved his daughter better even than his pipe, and, like a reasonable man and an excellent father, let her have her way in everything. His notable little wife, too, had enough to do to attend to her housekeeping and manage her poultry; for, as she sagely observed, ducks and geese are foolish things, and must be looked after, but girls can take care of themselves. Thus, while the busy dame bustled about the house, or plied her spinning-wheel at one end of the piazza, honest Balt would sit smoking his evening pipe at the other, watching the achievements of a little wooden warrior, who, armed with a sword in each hand, was most valiantly fighting the wind on the pinnacle of the barn. In the mean time, Ichabod would carry on his suit with the daughter by the side of the spring under the great elm, or sauntering along in the twilight, that hour so favorable to the lover's eloquence.

I profess not to know how women's hearts are **wooed** and won. To me they have always been matters of **riddle** and admiration. Some seem to have but one vulnerable point, or door of access; while others have a thousand avenues, and may be captured in a thousand different ways. It is a great triumph of skill to gain the former, but a still greater proof of generalship to maintain possession of the latter, for man must battle for his fortress at every door and window. He who wins a thousand common hearts is therefore entitled to some renown; but he who keeps undisputed sway over the heart of a coquette is indeed a hero. Certain it is, this was not the case with the **redoubtable** Brom Bones; and from the moment Ichabod Crane made his advances, the interests of the former evidently **declined**: his horse was no longer

no se veía más atado en la valla los domingos por la noche, y empezó a crecer una gradual enemistad entre él y el maestro de Sleepy Hollow.

Brom, que tenía una dura naturaleza caballeresca, hubiera comenzado una contienda con agrado para aclarar sus intenciones hacia la dama, de acuerdo con las maneras del razonamiento conciso y simple de los errantes caballeros de antaño, con un único combate; pero Ichabod era demasiado consciente de la superior fuerza de su adversario como para enfrentarse a él; había escuchado sin querer a Bones fanfarroneando sobre que «doblegaría al maestro y lo depositaría en una estantería de su propia escuela», y él era demasiado precavido para otorgarle esa oportunidad. Había algo extremadamente tentador en este obstinado pacifismo, y no le dejaba otra alternativa a Brom que recurrir a las mofas rurales que tenía a su disposición y gastarle bromas pesadas a su rival. Ichabod se convirtió en el blanco de una caprichosa persecución por parte de Bones y su pandilla de duros jinetes. Ellos invadieron sus hasta entonces pacíficos dominios; llenaron de humo la escuela de canto atascando la chimenea; irrumpieron por la noche en el aula a pesar de su fantástica cerradura de mimbre y de los tablones en las ventanas, y lo pusieron todo patas arriba, así que el pobre profesor empezó a creer que las brujas del bosque se reunían allí. Pero lo más insoportable de todo es que Brom aprovechaba cualquier oportunidad para dejarlo en ridículo en presencia de su amada, y tenía un perro granuja a quien había enseñado a lloriquear de la forma más absurda, y al que presentó como rival de Ichabod para instruir a Katrina en la salmodia.

De esta forma continuaron los asuntos durante algún tiempo, sin dar ningún resultado material en lo relativo a la pugna de los poderes en la contienda. Una bonita tarde otoñal en la que Ichabod se encontraba pensativo, sentado en su trono, un alto taburete desde el que habitualmente meditaba acerca de todo aquello relacionado con su pequeño reino literario, agitaba una vara, como un cetro de despótico poder, una férula de justicia, el terror constante de los malhechores, que reposaba en unos clavos detrás de su trono, mientras en el escritorio podían verse varios objetos requisados y armas prohibidas, encontradas en posesión de pequeños gamberros, tales como manzanas a medio comer, pistolas de juguete, molinetes,

seen tied to the palings on Sunday nights, and a deadly feud gradually arose between him and the preceptor of Sleepy Hollow.

Brom, who had a degree of rough **chivalry** in his nature, would fain have carried matters to open **warfare** and have settled their pretensions to the lady, according to the mode of those most concise and simple reasoners, the knights-errant of yore,–by single combat; but Ichabod was too conscious of the superior might of his adversary to enter the lists against him; he had **overheard** a boast of Bones, that he would "double the schoolmaster up, and lay him on a shelf of his own schoolhouse;" and he was too wary to give him an opportunity. There was something extremely provoking in this obstinately pacific system; it left Brom no alternative but to draw upon the funds of rustic waggery in his disposition, and to play off boorish practical jokes upon his rival. Ichabod became the object of **whimsical** persecution to Bones and his gang of rough riders. They harried his **hitherto** peaceful domains; smoked out his singing school by stopping up the chimney; broke into the schoolhouse at night, in spite of its formidable fastenings of withe and window stakes, and turned everything topsy-turvy, so that the poor schoolmaster began to think all the witches in the country held their meetings there. But what was still more annoying, Brom took all opportunities of turning him into ridicule in presence of his mistress, and had a scoundrel dog whom he taught to whine in the most ludicrous manner, and introduced as a rival of Ichabod's, to instruct her in psalmody.

In this way matters went on for some time, without producing any material effect on the relative situations of the contending powers. On a fine autumnal afternoon, Ichabod, in pensive mood, sat enthroned on the lofty stool from whence he usually watched all the concerns of his little literary realm. In his hand he swayed a ferule, that sceptre of despotic power; the birch of justice reposed on three nails behind the throne, a constant terror to evil doers, while on the desk before him might be seen **sundry** contraband articles and prohibited weapons, detected upon the persons of idle urchins, such as half-munched apples, **popguns,** whirligigs,

jaulas para moscas y legiones enteras de pequeños gallos de pelea hechos de papel. Parecía que se había aplicado algo de justicia recientemente, ya que sus alumnos estaban concentrados en sus libros o susurrando furtivamente con el compañero de atrás sin perder de vista al profesor, y una suerte de quietud zumbona reinaba por la clase. La tranquilidad fue de pronto interrumpida por la aparición de un negro vestido con chaqueta y pantalón de lino, un sombrero de ala ancha roto, como si fuera el gorro alado de Mercurio, y montado sobre un potro harapiento, salvaje y cojo, con una cuerda que hacía las veces de riendas. Llegó retumbando hasta la puerta del colegio extendiendo a Ichabod una invitación para una fiesta o «reunión de bordado», que tendría lugar esa tarde en la casa del señor Van Tassel; y tras entregar el mensaje con aires de importancia y un esfuerzo para refinar su lenguaje –que los negros son tan propensos a mostrar en insignificantes recados de este tipo–, se marchó corriendo por el arroyo, y fue visto escabulléndose del valle, orgulloso y apresurado por haber cumplido con su misión.

Todo era ahora ajetreo y algarabía en la antes tranquila clase. Los alumnos se apresuraban en sus lecciones sin detenerse en los detalles; los más ágiles se saltaban la mitad con impunidad, y aquellos que iban con retraso se sentaban en la última fila, aunque recibían algún coscorrón de vez en cuando para avanzar más deprisa o entender una palabra complicada. Los libros fueron arrojados por doquier sin luego ser colocados en las estanterías, los tinteros fueron volcados, los bancos tirados y la escuela entera terminó una hora antes de lo habitual. Salieron entonces en estampida como una legión de jóvenes diablillos, gritando y haciendo escándalo por el campo, felices debido a su repentina libertad.

El educado Ichabod pasó entonces como mínimo media hora extra en su baño, cepillando y refrescando como pudo su mejor –y a decir verdad único– traje, de color negro desgastado, y arreglándose los rizos con un trozo de cristal roto que estaba colgado en la escuela. Para hacer su aparición ante su amada con el verdadero estilo de un caballero, tomó prestado un caballo del granjero que lo hospedaba, un viejo holandés colérico llamado Hans Van Ripper, y

fly-cages, and whole legions of rampant little paper gamecocks. Apparently there had been some appalling act of justice recently inflicted, for his scholars were all busily intent upon their books, or **slyly** whispering behind them with one eye kept upon the master; and a kind of buzzing **stillness** reigned throughout the schoolroom. It was suddenly interrupted by the appearance of a negro in **tow-cloth** jacket and trowsers, a round-crowned fragment of a hat, like the cap of Mercury, and mounted on the back of a **ragged**, wild, half-broken colt, which he managed with a rope by way of **halter**. He came clattering up to the school door with an invitation to Ichabod to attend a **merry-making** or "quilting frolic," to be held that evening at Mynheer Van Tassel's; and having delivered his message with that air of importance, and effort at fine language, which a negro is apt to display on **petty** embassies of the kind, he dashed over the brook, and was seen **scampering away** up the hollow, full of the importance and hurry of his mission.

All was now bustle and hubbub in the late quiet schoolroom. The scholars were hurried through their lessons without stopping at trifles; those who were nimble skipped over half with impunity, and those who were tardy had a smart application now and then in the rear, to quicken their speed or help them over a tall word. Books were flung aside without being put away on the shelves, inkstands were overturned, benches thrown down, and the whole school was turned loose an hour before the usual time, bursting forth like a legion of young imps, yelping and racketing about the green in joy at their early emancipation.

The gallant Ichabod now spent at least an extra half hour at his toilet, brushing and **furbishing** up his best, and indeed only suit of rusty black, and arranging his locks by a bit of broken looking-glass that hung up in the schoolhouse. That he might make his appearance before his mistress in the true style of a cavalier, he borrowed a horse from the farmer with whom he was domiciliated, a choleric old Dutchman of the name of Hans Van Ripper, and,

de este modo montó galantemente dispuesto a partir de entonces a comportarse como un caballero errante en busca de aventuras. Pero en consonancia con el auténtico romanticismo de la historia, debo dar algunos detalles de la apariencia y equipamiento de mi héroe y su corcel. El animal que montaba era un caballo de arar artrítico que a lo largo de su vida había perdido casi todo menos su vicio. Estaba demacrado y exhausto, con el cuello arqueado y la cabeza como un martillo; su melena y cola amarillentas estaban enredadas y llenas de nudos; uno de los ojos había perdido la pupila y resplandecía, espectral, mientras que el otro poseía el brillo característico del diablo. Aun así debió de tener fuego y coraje en su época, a juzgar por cómo lo habían nombrado: Gunpowder.[12] De hecho, siempre había sido el corcel favorito de su dueño, el colérico Van Ripper, que era un jinete rubicundo, y que seguramente había infundido algo de su propio espíritu en el animal, pues viejo y atrofiado como estaba, albergaba más maldad en él que cualquier otro joven potro de la comarca.

Ichabod tenía la estampa adecuada para tal corcel. Montaba con los estribos tan cortos que sus rodillas quedaban a la altura de la montura; sus codos puntiagudos sobresalían como los de un saltamontes; sostenía la fusta perpendicularmente, como si fuera un cetro, y mientras el caballo trotaba, el movimiento de sus brazos no era distinto al de un par de alas batiéndose. El pequeño sombrero de lana le llegaba hasta la nariz, debido a la escasa franja que constituía su frente, y los faldones de su chaqueta negra ondeaban casi hasta la cola del caballo. El aspecto del conjunto de Ichabod y su corcel mientras salían arrastrándose de la casa de Hans Van Ripper era del de una de esas apariciones que rara vez se ven a plena luz del día.

Hacía, como he dicho, un precioso día otoñal. El cielo estaba sereno y transparente, y la naturaleza vestía esa rica capa dorada que siempre asociamos a la idea de abundancia. Los bosques tenían sus sobrios tonos marrones y amarillos, mientras que algunos de los más delicados árboles se habían teñido de brillantes tonos naranja, púrpura

12. N. del T. Pólvora.

thus gallantly mounted, issued forth like a knight-errant in **quest** of adventures. But it is meet I should, in the true spirit of romantic story, give some account of the looks and equipments of my hero and his steed. The animal he bestrode was a broken-down plow-horse, that had outlived almost everything but its viciousness. He was **gaunt** and shagged, with a ewe neck, and a head like a **hammer**; his rusty mane and tail were tangled and knotted with burs; one eye had lost its pupil, and was glaring and spectral, but the other had the gleam of a genuine devil in it. Still he must have had fire and **mettle** in his day, if we may judge from the name he bore of Gunpowder. He had, in fact, been a favorite steed of his master's, the choleric Van Ripper, who was a furious rider, and had infused, very probably, some of his own spirit into the animal; for, old and broken-down as he looked, there was more of the lurking devil in him than in any young filly in the country.

Ichabod was a suitable figure for such a steed. He rode with short **stirrups**, which brought his knees nearly up to the pommel of the saddle; his **sharp** elbows stuck out like **grasshoppers**'; he carried his whip perpendicularly in his hand, like a sceptre, and as his horse jogged on, the motion of his arms was not unlike the flapping of a pair of wings. A small wool hat rested on the top of his nose, for so his **scanty** strip of forehead might be called, and the skirts of his black coat fluttered out almost to the horses tail. Such was the appearance of Ichabod and his steed as they shambled out of the gate of Hans Van Ripper, and it was altogether such an apparition as is seldom to be met with **in broad daylight**.

It was, as I have said, a fine autumnal day; the sky was clear and serene, and nature wore that rich and golden livery which we always associate with the idea of abundance. The forests had put on their sober brown and yellow, while some trees of the tenderer kind had been nipped by the frosts into brilliant dyes of orange, purple,

y escarlata a causa de las nevadas. Continuas filas de patos salvajes comenzaban a aparecer en el aire; el chillido de una ardilla se podía escuchar desde el pequeño bosque de hayas y nogales, y de vez en cuando se escuchaba el pensativo silbido de una codorniz desde el campo de rastrojos colindante.

Los pequeños pájaros celebraban su banquete de despedida. En la plenitud de la celebración, iban de arbusto en arbusto, aleteando, piando y divirtiéndose, caprichosos por la gran abundancia y variedad que los rodeaba: piaba alto, quejándose, el honesto petirrojo, la presa favorita de los jóvenes deportistas; y los graznidos de los mirlos que volaban entre nubes de arena; y el pájaro carpintero con sus alas doradas y su cresta carmesí, su amplio cuello negro y espléndido plumaje; y el pájaro del cedro, con las puntas de sus alas rojas y la cola terminada en amarillo y su gorrito de plumas; y el arrendajo azul, ese presumido alborotador, en su alegre chaqueta azul clara y ropa interior blanca, gritando y parloteando, saludando y meciéndose y haciendo reverencias y fingiendo llevarse bien con cada cantante del bosque.

Mientras Ichabod trotaba hacia su destino, su mirada, siempre receptiva a cualquier señal de abundancia culinaria, oscilaba con deleite por los tesoros del placentero otoño. Por todos lados observaba vastas provisiones de manzanas: algunas colgando con apretada opulencia en los árboles; otras ya recolectadas en cestas y barriles para el mercado; otras apiladas para la prensa de cidra. Más allá divisaba los grandes campos de maíz criollo, con sus granos dorados brotando de su cobertura de hojas, ofreciendo la promesa de tartas y de púdines; y las calabazas amarillas recostadas bajo ellas, enseñando sus panzas redondeadas al sol, en abundante promesa de los pasteles más lujosos; y cuando pasó por los aromáticos campos de trigo, aspiró el aroma de las colmenas, y mientras lo observaba, se apoderaron de su mente las dulces anticipaciones de delicadas tortitas, bien mantecosas, adornadas con miel o melaza por la delicada mano rolliza de Katrina Van Tassel.

Alimentando así su imaginación con muchos pensamientos dulces y «suposiciones azucaradas», pasó por el costado de una hilera de colinas que formaban la mejor imagen del poderoso Hudson. El sol giraba gradualmente su amplia esfera encaminándose al oeste. El amplio

and scarlet. Streaming files of wild ducks began to make their appearance high in the air; the bark of the squirrel might be heard from the groves of **beech** and hickory-nuts, and the pensive whistle of the quail at intervals from the neighboring stubble field.

The small birds were taking their farewell banquets. In the **fullness** of their revelry, they fluttered, chirping and frolicking from bush to bush, and tree to tree, capricious from the very profusion and variety around them. There was the honest cock robin, the favorite game of stripling sportsmen, with its loud querulous note; and the twittering blackbirds flying in sable clouds; and the golden-winged woodpecker with his crimson crest, his broad black gorget, and splendid plumage; and the cedar bird, with its red-tipt wings and yellow-tipt tail and its little monteiro cap of feathers; and the blue jay, that noisy coxcomb, in his gay light blue coat and white underclothes, screaming and chattering, nodding and bobbing and bowing, and pretending **to be on good terms with** every songster of the grove.

As Ichabod jogged slowly on his way, his eye, ever open to every symptom of culinary abundance, ranged with delight over the **treasures** of jolly autumn. On all sides he beheld vast store of apples; some hanging in oppressive opulence on the trees; some gathered into baskets and barrels for the market; others **heaped up** in rich piles for the cider-press. Farther on he beheld great fields of Indian corn, with its golden ears peeping from their leafy coverts, and holding out the promise of cakes and hasty-pudding; and the yellow pumpkins lying beneath them, turning up their fair round **bellies** to the sun, and giving **ample** prospects of the most luxurious of pies; and anon he passed the fragrant buckwheat fields breathing the odor of the beehive, and as he beheld them, soft anticipations stole over his mind of dainty slapjacks, well buttered, and garnished with honey or **treacle**, by the delicate little dimpled hand of Katrina Van Tassel.

Thus feeding his mind with many sweet thoughts and "sugared suppositions," he journeyed along the sides of a range of hills which look out upon some of the goodliest scenes of the **mighty** Hudson. The sun gradually wheeled his broad disk down in the west. The wide

vientre del Tappan Zee yacía vidrioso y sereno, salvo por algunas suaves ondas que alargaban la sombra azul de la montaña distante. Unas cuantas nubes ámbar flotaban en el cielo, sin que el aire las moviese. El horizonte estaba tintado de un fino dorado, cambiando progresivamente hacia un puro verde manzana hasta adquirir el tono azul oscuro del más profundo cielo. Un rayo oblicuo alcanzó la cresta boscosa de los precipicios que colgaban sobre algunas partes del río, otorgándole una mayor profundidad a las oscuras laderas rocosas, grises y púrpuras. Una balandra deambulaba a lo lejos, dejándose llevar por la marea, con la vela colgando inútilmente del mástil; y mientras el reflejo del cielo resplandecía a lo largo de las aguas calmas, parecía como si el navío estuviera suspendido en el aire.

Ichabod llegó al castillo de Heer Van Tassel casi al anochecer y encontró apiñada a la flor y nata de los pueblos de la zona. Viejos granjeros, con los rostros mezquinos y acartonados propios de su raza, vestidos con chaquetas y calzones hechos en casa, calcetines azules, amplios zapatos y magníficas hebillas de metal. Sus mujercitas eran enérgicas y estropeadas, con los gorros bien ajustados, corpiños cortos de cintura alta, enaguas tejidas por ellas, con tijeras y alfileteros, y divertidos bolsillos de percal que les colgaban por fuera. Las muchachas eran rollizas, casi tan anticuadas como sus madres, excepto por los sombreros de paja, una elegante cinta o tal vez un vestido blanco, todos sintomáticos de las innovaciones de la ciudad. Sus hijos iban con chaquetas cortas con faldones de cuadros adornadas con filas de estupendos botones de latón, y el pelo generalmente recogido en una coleta siguiendo la moda, especialmente en aquellos que podían procurarse una piel de anguila para hacerlo –se decía por todo el país que era un potente nutritivo y fortalecedor del cabello–.

Brom Bones, sin embargo, era el héroe del momento, con su aparición en la fiesta montado en su caballo favorito, Daredevil,[13] una criatura que, como él mismo, estaba llena de coraje y picardía, y a quien solo él podía dominar. De hecho Brom era conocido por preferir a los animales feroces, dados a todo tipo de engaños, que mantenían al jinete en peligro constante de romperse el cuello,

13. N. del T. Temerario. Palabra registrada por primera vez en 1794, deriva de la frase *to dare the devil*, 'tentar al diablo'.

bosom of the Tappan Zee lay motionless and glassy, excepting that here and there a gentle undulation waved and prolonged the blue shadow of the distant mountain. A few amber clouds floated in the sky, without a breath of air to move them. The horizon was of a fine golden tint, changing gradually into a pure apple green, and from that into the deep blue of the mid-heaven. A **slanting** ray lingered on the woody crests of the precipices that **overhung** some parts of the river, giving greater depth to the dark gray and purple of their rocky sides. A sloop was loitering in the distance, dropping slowly down with the tide, her sail hanging uselessly against the mast; and as the reflection of the sky gleamed along the still water, it seemed as if the **vessel** was suspended in the air.

It was toward evening that Ichabod arrived at the castle of the Heer Van Tassel, which he found **thronged** with **the pride and flower** of the adjacent country. Old farmers, a spare leathern-faced race, in homespun coats and breeches, blue stockings, huge shoes, and magnificent pewter buckles. Their brisk, withered little dames, in close-crimped caps, long-waisted short gowns, homespun petticoats, with scissors and pincushions, and gay calico pockets hanging on the outside. Buxom lasses, almost as antiquated as their mothers, excepting where a straw hat, a fine ribbon, or perhaps a white frock, gave symptoms of city innovation. The sons, in short square-skirted coats, with rows of stupendous brass buttons, and their hair generally queued in the fashion of the times, especially if they could procure an eel-skin for the purpose, it being esteemed throughout the country as a potent nourisher and strengthener of the hair.

Brom Bones, however, was the hero of the scene, having come to the gathering on his favorite steed Daredevil, a creature, like himself, full of **mettle** and **mischief**, and which no one but himself could manage. He was, in fact, noted for preferring **vicious** animals, given to all kinds of tricks which kept the rider in constant risk of his neck,

pues creía que un caballo domado y dócil era indigno de un joven valiente.

Con agrado me detendría para interesarme por el mundo de deleites que irrumpió en la mirada de mi héroe cuando este entró en el salón principal de la mansión de Van Tassel. Y no se trataba del grupo de muchachas rollizas, con su lujoso despliegue de rojos y blancos, sino del copioso encanto de una auténtica mesa de postres holandesa campestre, en el suntuoso período otoñal. ¡Qué cantidad de bandejas de tartas de tantos sabores indescriptibles, solo conocidos por las expertas amas de casa holandesas! Había laboriosas rosquillas, tiernas tortas de aceite, crujientes y desmigajados buñuelos, pasteles dulces y tartas pequeñas de jengibre y de miel; es decir, toda la familia de pasteles y tartas. Además había tartas de manzana, de melocotón y de calabaza; también lonchas de jamón y carne ahumada; exquisitas bandejas de ciruelas, melocotones, peras y membrillos en conserva; sin mencionar los pescados a la parrilla y los pollos asados; junto con boles de leche y nata, todo mezclado, prácticamente como lo he enumerado, con la maternal tetera enviando desde el centro sus nubes de vapor. ¡Por Dios bendito! Quiero aliento y tiempo para describir el banquete como merece; me entusiasmo demasiado para continuar con mi historia. Afortunadamente, Ichabod Crane no estaba tan apurado como su narrador y dio abundante cuenta de cada exquisitez.

Era una criatura amable y agradecida, cuyo corazón se dilataba proporcionalmente a lo llena que estaba su tripa de buenos alimentos, y cuyo ánimo se levantaba con la comida, de la misma forma que otros hombres con la bebida. No podía evitar, tampoco, que los ojos le dieran vueltas al comer, y soltar una risita nerviosa con la posibilidad de tal vez llegar un día a ser el señor de toda esa imagen de prácticamente inimaginable lujo y esplendor. Pensé entonces que pronto cerraría la vieja escuela, chasquearía los dedos en la cara de Hans Von Ripper y de cualquier otro patrón avaro, ¡y echaría a patadas a cualquier maestro errante que se atreviese a llamarlo camarada!

El viejo Baltus Van Tassel se movía entre sus invitados con la cara hinchada de satisfacción y buen humor, redonda y feliz como

for he held a tractable, well-broken horse as unworthy of a lad of spirit.

Fain would I pause **to dwell upon** the world of charms that burst upon the enraptured gaze of my hero, as he entered the state parlor of Van Tassel's mansion. Not those of the bevy of buxom lasses, with their luxurious display of red and white; but the ample charms of a genuine Dutch country tea-table, in the sumptuous time of autumn. Such heaped up platters of cakes of various and almost indescribable kinds, known only to experienced Dutch housewives! There was the doughty doughnut, the **tender** oly koek, and the **crisp** and crumbling cruller; sweet cakes and short cakes, ginger cakes and honey cakes, and the whole family of cakes. And then there were apple pies, and peach pies, and pumpkin pies; besides slices of ham and smoked beef; and moreover delectable dishes of preserved plums, and peaches, and pears, and quinces; not to mention **broiled** shad and roasted chickens; together with bowls of milk and cream, all mingled **higgledy-piggledy**, pretty much as I have enumerated them, with the **motherly** teapot sending up its clouds of vapor from the midst–Heaven bless the mark! I want breath and time to discuss this banquet as it deserves, and am too **eager** to get on with my story. Happily, Ichabod Crane was not in so great a hurry as his historian, but did ample justice to every dainty.

He was a kind and thankful creature, whose heart dilated in proportion as his skin was filled with good cheer, and whose spirits rose with eating, as some men's do with drink. He could not help, too, rolling his large eyes round him as he ate, and chuckling with the possibility that he might one day be lord of all this scene of almost unimaginable luxury and splendor. Then, he thought, how soon he'd turn his back upon the old schoolhouse; snap his fingers in the face of Hans Van Ripper, and every other **niggardly** patron, and kick any itinerant pedagogue out of doors that should dare to call him comrade!

Old Baltus Van Tassel moved about among his guests with a face dilated with content and good humor, round and jolly as the

la luna de la cosecha.[14] Sus hospitalarias atenciones eran breves, pero expresivas, limitándose a un apretón de manos, una palmada en el hombro, una risotada y la apremiante invitación de «que cada cual se sirva a sí mismo».

Y ahora el sonido de la música que venía de la sala común –o salón– invitaba al baile. El músico era un viejo negro canoso que llevaba siendo la orquesta itinerante de la zona durante más de medio siglo. Su instrumento estaba tan viejo y magullado como él mismo. La mayor parte del tiempo rasgaba dos o tres cuerdas, acompañando cada inclinación con un movimiento de la cabeza, haciendo reverencias casi hasta el suelo y dando una patada cada vez que una pareja nueva estaba a punto de empezar a bailar.

Ichabod se enorgullecía de su baile tanto como de sus destrezas vocales. Ninguna extremidad o fibra de su ser eran inútiles, y ver su figura colgando holgadamente en pleno movimiento, retumbando por toda la habitación, era como ver al propio San Vito, patrón del baile, haciendo una aparición. Era la admiración de todos los negros que se habían congregado, de toda edad y tamaño, desde la granja y el vecindario, y estaban quietos formando una pirámide de caras negras brillantes en cada puerta y ventana, observando con deleite la escena, haciendo girar sus ojos y sonriendo de oreja a oreja, mostrando sus hileras de marfil. ¿Cómo podría, incluso el verdugo de los traviesos, no sentirse animado y dichoso? La mujer amada era su compañera de baile y sonreía con gentileza en respuesta a todas sus miradas lujuriosas; mientras Brom Bones, completamente afligido por el amor y los celos, estaba sentado en una esquina, solo y cabizbajo.

Cuando terminó el baile, Ichabod se sintió atraído hacia un grupo de hombres respetables, quienes, junto al viejo Van Tassel, fumaban sentados en una esquina de la plaza, cuchicheando sobre los viejos tiempos y rememorando largas historias de la guerra.

Esta comunidad, en la época que les cuento, era uno de esos lugares altamente favorecidos por la abundancia de historia y grandes hombres. El frente británico y americano había pasado cerca de allí durante

14. N. del T. Luna llena alrededor del 23 de septiembre.

harvest moon. His hospitable attentions were brief, but expressive, being confined to a shake of the hand, a slap on the shoulder, a loud laugh, and a **pressing** invitation to "fall to, and help themselves."

And now the sound of the music from the common room, or hall, summoned to the dance. The musician was an old gray-headed negro, who had been the itinerant orchestra of the neighborhood for more than half a century. His instrument was as old and **battered** as himself. The greater part of the time he scraped on two or three strings, accompanying every movement of the **bow** with a motion of the head; bowing almost to the ground, and stamping with his foot whenever a fresh couple were to start.

Ichabod prided himself upon his dancing as much as upon his vocal powers. Not a limb, not a fibre about him was idle; and to have seen his loosely hung frame in full motion, and clattering about the room, you would have thought St. Vitus himself, that blessed patron of the dance, was figuring before you in person. He was the admiration of all the negroes; who, having gathered, of all ages and sizes, from the farm and the neighborhood, stood forming a pyramid of shining black faces at every door and window, gazing with delight at the scene, rolling their white eyeballs, and showing grinning rows of **ivory** from ear to ear. How could the flogger of **urchins** be otherwise than animated and joyous? The lady of his heart was his partner in the dance, and smiling graciously in reply to all his amorous oglings; while Brom Bones, **sorely smitten** with love and jealousy, sat **brooding** by himself in one corner.

When the dance was at an end, Ichabod was attracted to a knot of the sager folks, who, with Old Van Tassel, sat smoking at one end of the piazza, gossiping over **former times**, and drawing out long stories about the war.

This neighborhood, at the time of which I am speaking, was one of those highly favored places which abound with chronicle and great men. The British and American line had run near it during

la guerra y había sido, por lo tanto, el escenario de saqueos e invasiones de refugiados y vaqueros, y también de todo tipo de gestas fronterizas. Justo había pasado el suficiente tiempo para que cada narrador pudiera maquillar su historia con algo de favorecedora ficción, y, en la confusión de su memoria, convertirse en el héroe de cada proeza.

Estaba la historia de Doffue Martling, un barbazul[15] alto de origen holandés que estuvo a punto de apoderarse de una fragata británica con un viejo cañón de nueve libras que colocó tras una defensa de barro y que solo se disparó a la sexta descarga. Y había un viejo caballero que debe permanecer en el anonimato, por tratarse de un holandés demasiado rico para siquiera nombrarlo, quien, en la batalla de White Plains,[16] como excelente maestro de la defensa, bloqueó la bola de un mosquete con una pequeña espada, hasta el punto de que la sintió girar por completo en la hoja y la empuñadura brilló; y para probarlo estaba listo en cualquier momento para mostrar la espada, con la punta algo doblada. Había bastantes más que habían sido igualmente grandiosos en la batalla, ninguno de los cuales dudaba haber sido determinante en brindar a la guerra un final feliz.

Pero todo esto no se puede comparar a las historias de fantasmas y apariciones que se vinieron a continuación. El vecindario es rico en tesoros legendarios de ese estilo. Las historias locales y las supersticiones prosperan en estos lugares bien asentados y recónditos, mientras que en casi todo el resto de nuestro país van quedando enterrados bajo los pies de las multitudes que se desplazan. Además, no se estimula a los fantasmas en la mayor parte de nuestros pueblos: apenas han dado su primera cabezada y se han movido un poco en la tumba, sus amigos vivos del vecindario ya se han mudado; así que cuando salen a hacer sus rondas nocturnas, no les quedan conocidos a los que llamar. Tal vez esta es la razón por la que casi no escuchamos a los fantasmas salvo en nuestras antiguas comunidades holandesas.

15. N. del T. Se dice del hombre que se casa consecutivamente con mujeres a las que posteriormente asesina. Su origen data de 1697, año en el que Charles Perrault adapta el cuento de hadas popular protagonizado por Barbazul.
16. N. del T. Batalla que tuvo lugar en la ciudad White Plains, Nueva York, el 28 de octubre de 1776 durante la guerra de Independencia de Estados Unidos.

the war; it had, therefore, been the scene of **marauding** and infested with refugees, cowboys, and all kinds of border chivalry. Just sufficient time had elapsed **to enable** each storyteller to dress up his tale with a little becoming fiction, and, in the **indistinctness** of his **recollection**, to make himself the hero of every **exploit**.

There was the story of Doffue Martling, a large blue-bearded Dutchman, who had nearly taken a British frigate with an old iron nine-pounder from a mud **breastwork**, only that his gun burst at the sixth discharge. And there was an old gentleman who shall be nameless, being too rich a mynheer to be lightly mentioned, who, in the battle of White Plains, being an excellent master of defence, **parried** a musket-ball with a small sword, **insomuch** that he absolutely felt it whiz round the blade, and glance off at the **hilt**; in proof of which he was ready at any time to show the sword, with the hilt a little bent. There were several more that had been equally great in the field, not one of whom but was persuaded that he had a considerable hand in bringing the war to a happy termination.

But all these were nothing to the tales of ghosts and apparitions that succeeded. The neighborhood is rich in legendary treasures of the kind. Local tales and superstitions **thrive** best in these **sheltered**, long-settled retreats; but are **trampled under foot** by the shifting **throng** that forms the population of most of our country places. Besides, there is no encouragement for ghosts in most of our villages, for they have scarcely had time to finish their first nap and turn themselves in their graves, before their surviving friends have travelled away from the neighborhood; so that when they turn out at night to walk their rounds, they have no **acquaintance** left to call upon. This is perhaps the reason why we so seldom hear of ghosts except in our long-established Dutch communities.

La causa más importante por la que las historias sobrenaturales predominaban en esta zona se debía sin duda a la cercanía de Sleepy Hollow. Había algo en el propio aire que corría por la región encantada; se respiraba una atmósfera de sueños y fantasías que lo infectaba todo. Muchos de los habitantes de Sleepy Hollow estaban presentes en la fiesta de Van Tassel, y, como era habitual, estaban repitiendo sus salvajes y maravillosas leyendas. Se contaron muchos cuentos lúgubres sobre trenes funerarios, duelos y lamentos que aún hoy pueden ser vistos y escuchados en las inmediaciones del gran árbol donde el desafortunado alcalde André fue poseído. Se mencionó unas cuantas veces también a la mujer de blanco que murió bajo la nieve en el oscuro valle de Raven Rock, donde a veces aparece y se la escucha chillar las noches de invierno antes de que llegue la tormenta. Aun así la mayor parte de las historias giraban en torno al fantasma favorito de Sleepy Hollow, el jinete sin cabeza, a quien últimamente se había escuchado varias veces vigilando el campo, y se decía que ataba su caballo cada noche entre las tumbas del cementerio.

El emplazamiento aislado de la iglesia siempre parecía el motivo de que fuese el lugar favorito de los espíritus afligidos. Está sostenida en una loma, rodeada de acacias y olmos altos, entre los que sus dignas y blancas paredes brillan modestamente, como la pureza cristiana brillando a través de las sombras del descanso. Una pequeña cuesta desciende de allí hasta una cortina de aguas plateadas, rodeada de árboles altos, entre los que se pueden otear las colinas azules del Hudson. Al mirar por encima del camposanto cubierto de hierba, donde los rayos del sol parecen dormir tranquilos, uno podría pensar que al menos allí los muertos descansan en paz. A un lado de la iglesia se extiende un amplio valle arbolado, a lo largo del cual se precipita un largo arroyo entre piedras rotas y troncos de árboles caídos. Sobre una zona profunda y negra del arroyo, no lejos de la iglesia, habían construido un puente de madera hacía tiempo; el camino que conducía a él y el mismo puente estaban densamente cubiertos por árboles colgantes, que brillaban incluso de día, pero que provocaban una terrorífica oscuridad de noche. Este era uno de los lugares favoritos del jinete sin cabeza, y el lugar donde se le podía ver con mayor frecuencia. Contaron la historia del

The immediate cause, however, of the prevalence of supernatural stories in these parts, was **doubtless** owing to the vicinity of Sleepy Hollow. There was a **contagion** in the very air that blew from that **haunted** region; it breathed forth an atmosphere of dreams and fancies infecting all the land. Several of the Sleepy Hollow people were present at Van Tassel's, and, as usual, were **doling out** their wild and wonderful legends. Many dismal tales were told about funeral trains, and mourning cries and **wailings** heard and seen about the great tree where the unfortunate Major André was taken, and which stood in the neighborhood. Some mention was made also of the woman in white, that haunted the dark glen at Raven Rock, and was often heard to shriek on winter nights before a storm, having **perished** there in the snow. The chief part of the stories, however, turned upon the favorite spectre of Sleepy Hollow, the Headless Horseman, who had been heard several times of late, patrolling the country; and, it was said, **tethered** his horse **nightly** among the graves in the churchyard.

The sequestered situation of this church seems always to have made it a favorite haunt of troubled spirits. It stands on a knoll, surrounded by locust-trees and lofty elms, from among which its decent, whitewashed walls shine modestly forth, like Christian purity beaming through the shades of retirement. A gentle slope descends from it to a silver sheet of water, bordered by high trees, between which, peeps may be caught at the blue hills of the Hudson. To look upon its grass-grown yard, where the sunbeams seem to sleep so quietly, one would think that there at least the dead might rest in peace. On one side of the church extends a wide woody dell, along which raves a large brook among broken rocks and trunks of fallen trees. Over a deep black part of the stream, not far from the church, was formerly thrown a wooden bridge; the road that led to it, and the bridge itself, were **thickly** shaded by overhanging trees, which cast a gloom about it, even in the daytime; but occasioned a fearful darkness at night. Such was one of the favorite haunts of the Headless Horseman, and the place where he was most frequently encountered. The tale was told

viejo Brouwer, un profano incrédulo de los fantasmas, que encontró al jinete al regresar de su incursión en Sleepy Hollow y fue forzado a montar detrás de él en su caballo; galoparon sobre arbustos y maleza, sobre colinas y pantanos, hasta que llegaron al puente; allí el jinete de pronto convirtió al viejo Brouwer en un esqueleto, lo tiró al arroyo y saltó sobre las copas de los árboles con un estruendo.

Esta historia fue rápidamente ensombrecida por la tres veces más maravillosa aventura de Brom Bones, que había ensombrecido al mercenario galopante como jinete definitivo. Afirmaba que al regresar una noche del pueblo vecino de Sing Sing, fue adelantado por este soldado nocturno que lo retó a una carrera contra él por un vaso de ponche. Lo hubiese ganado ya que Daredevil fue por delante del caballo fantasma a lo largo de todo el valle, pero justo al llegar al puente de la iglesia, el mercenario saltó y se desvaneció entre una bola de fuego.

Todas estas historias contadas en esa voz baja adormecedora con la que los hombres hablan en la oscuridad y las caras de los oyentes que solo se iluminaban de vez en cuando casualmente por una pipa que se encendía, calaron profundamente en la mente de Ichabod. Los compensó con largos pasajes de su inestimable autor, Cotton Mather, y añadió muchos acontecimientos maravillosos que tuvieron lugar en su estado natal, Connecticut, y temibles apariciones que había visto en sus paseos nocturnos por Sleepy Hollow.

La fiesta se fue acabando gradualmente. Los viejos granjeros reunieron a sus familias en sus carros, y se los escuchó traqueteando a lo largo de los caminos del valle durante un rato y sobre las colinas distantes. Algunas de las damiselas montaron en sillines detrás de sus admiradores favoritos, y sus risas ligeras, mezcladas con el ruido de los cascos, hacían eco entre los silenciosos bosques, desvaneciéndose, hasta que poco a poco moría, y la última imagen del ruido y la fiesta era todo silencio y desierto. Quedó solo Ichabod, que a la costumbre de los pretendientes campestres tendría un *tête-à-tête* con la heredera; estaba totalmente convencido de que estaba encaminado al éxito. No voy a contar lo que pasó en esta conversación, porque de hecho no lo sé. Aun así, me temo, debió de ir mal, ya que ciertamente él se marchó, no mucho después, con un aire de lo más desolado y

of old Brouwer, a most **heretical** disbeliever in ghosts, how he met the Horseman returning from his **foray** into Sleepy Hollow, and was obliged to get up behind him; how they galloped over bush and brake, over hill and **swamp**, until they reached the bridge; when the Horseman suddenly turned into a skeleton, threw old Brouwer into the brook, and sprang away over the tree-tops with a **clap of thunder**.

This story was immediately matched by a thrice marvellous adventure of Brom Bones, who **made light of** the Galloping Hessian as an **arrant** jockey. He affirmed that on returning one night from the neighboring village of Sing Sing, he had been **overtaken** by this midnight trooper; that he had offered to race with him for a bowl of punch, and should have won it too, for Daredevil beat the goblin horse all hollow, but just as they came to the church bridge, the Hessian bolted, and vanished in a flash of fire.

All these tales, told in that drowsy **undertone** with which men talk in the dark, the countenances of the listeners only now and then receiving a casual gleam from the glare of a pipe, sank deep in the mind of Ichabod. He repaid them in kind with large extracts from his **invaluable** author, Cotton Mather, and added many marvellous events that had taken place in his native State of Connecticut, and fearful sights which he had seen in his nightly walks about Sleepy Hollow.

The **revel** now gradually broke up. The old farmers gathered together their families in their wagons, and were heard for some time rattling along the hollow roads, and over the distant hills. Some of the damsels mounted on **pillions** behind their favorite swains, and their light-hearted laughter, mingling with the clatter of **hoofs**, echoed along the silent woodlands, sounding fainter and fainter, until they gradually died away,–and the late scene of noise and frolic was all silent and deserted. Ichabod only lingered behind, according to the custom of country lovers, to have a tête-à-tête with the heiress; fully convinced that he was now on the high road to success. What passed at this interview I will not pretend to say, for in fact I do not know. Something, however, I fear me, must have gone wrong, for he certainly **sallied** forth, after no very great interval, with an air quite desolate and

deprimido. ¡Ay, esas mujeres! ¡Esas mujeres! ¿Podría haber estado la chica interpretando uno de sus engaños de coquetería? ¿Animó al pobre maestro como una mera farsa para asegurarse la conquista de su rival? ¡Solo Dios lo sabe, no yo! Basta con decir que Ichabod se marchó con el aspecto de alguien a quien le han robado un gallinero, más que el corazón de una bella dama. Se marchó mirando directamente al establo, sin girarse hacia la derecha o la izquierda para ver la imagen de la riqueza rural, en la que tantas veces se había regodeado, y con muchos coscorrones y patadas despertó nada amablemente a su corcel del confortable establo en el que dormía profundamente, soñando con montañas de maíz y avena, y con valles enteros de hierba y tréboles.

Era exactamente la hora de las brujas cuando Ichabod, apesadumbrado y alicaído, emprendió el viaje de vuelta a casa, a lo largo de los flancos de las altas colinas que se levantaban sobre Tarry Town, y que había atravesado tan animado esa misma tarde. La hora era tan deprimente como su ánimo. Por debajo de él, a lo lejos, el Tappan Zee extendía sus aguas oscuras y tenues, salpicadas con los altos mástiles de los barcos que navegaban despacio anclados a la tierra. En el silencio mortal de medianoche, aún podía escuchar el ladrido del perro guardián desde la orilla opuesta del Hudson, pero era tan tenue y vago que reflejaba la distancia que había entre él y el compañero fiel de los hombres. De vez en cuando, también el cacareo distante de un gallo que, despierto accidentalmente, sonaba lejos y apagado desde alguna granja en la lejanía entre las colinas, era como el sonido de un sueño en sus oídos. No había señales de vida cerca de él, pero ocasionalmente se percibía el melancólico canto de un grillo, o tal vez el gutural tañido de una rana toro desde un pantano próximo, como si durmieran incómodamente y de pronto se revolvieran en su cama.

Todas las historias de fantasmas y duendes que había escuchado esa tarde regresaban ahora amontonándose en su recuerdo. La noche se volvía cada vez más oscura, las estrellas parecían hundirse más profundamente en el cielo y las nubes móviles de vez en cuando desaparecían de su vista. Nunca antes se había sentido tan solo y deprimido. Estaba, además, acercándose al lugar donde habían tenido lugar muchas de las escenas de las historias de fantasmas. En la mitad del camino se levantaba un enorme tulipán, que sobresalía como si fuera un gigante

chapfallen. Oh, these women! these women! Could that girl have been playing off any of her coquettish tricks? Was her encouragement of the poor pedagogue all a mere sham to secure her conquest of his rival? Heaven only knows, not I! Let it suffice to say, Ichabod stole forth with the air of one who had been sacking a henroost, rather than a fair lady's heart. Without looking to the right or left to notice the scene of rural wealth, on which he had so often **gloated**, he went straight to the stable, and with several hearty **cuffs** and kicks roused his steed most **uncourteously** from the comfortable quarters in which he was soundly sleeping, dreaming of mountains of corn and oats, and whole valleys of timothy and clover.

It was the very witching time of night that Ichabod, **heavy-hearted** and **crestfallen**, pursued his travels homewards, along the sides of the lofty hills which rise above Tarry Town, and which he had traversed so cheerily in the afternoon. The hour was as dismal as himself. Far below him the Tappan Zee spread its dusky and indistinct waste of waters, with here and there the tall mast of a sloop, riding quietly at anchor under the land. In the dead **hush** of midnight, he could even hear the **barking** of the watchdog from the opposite shore of the Hudson; but it was so vague and faint as only to give an idea of his distance from this faithful companion of man. Now and then, too, the long-drawn crowing of a cock, accidentally awakened, would sound far, far off, from some farmhouse away among the hills–but it was like a dreaming sound in his ear. No signs of life occurred near him, but occasionally the melancholy chirp of a **cricket**, or perhaps the guttural twang of a bullfrog from a neighboring **marsh**, as if sleeping uncomfortably and turning suddenly in his bed.

All the stories of ghosts and goblins that he had heard in the afternoon now came **crowding** upon his recollection. The night grew darker and darker; the stars seemed **to sink** deeper in the sky, and driving clouds occasionally hid them from his sight. He had never felt so lonely and dismal. He was, **moreover**, approaching the very place where many of the scenes of the ghost stories had been laid. In the centre of the road stood an enormous tulip-tree, which **towered** like a giant

por encima de todos los otros árboles cercanos, y formaba una suerte de emblema. Sus extremidades eran irregulares y extrañas, tan grandes como los troncos de los árboles comunes, retorciéndose casi hasta la tierra, y erigiéndose de nuevo en el aire. Estaba conectado con la trágica historia del desgraciado André, que había sido capturado cerca de allí, y era conocido universalmente como «el árbol del alcalde André». La gente común lo miraba con una mezcla de respeto y superstición, en parte por compasión por el destino de su desgraciado tocayo y en parte por las historias de raras apariciones y tristes lamentaciones que les habían contado al respecto.

Mientras Ichabod se acercaba al temido árbol, empezó a silbar; luego le pareció que alguien había respondido con otro silbido, pero se trataba de una ráfaga que cortaba las ramas secas. Al aproximarse le pareció ver algo blanco, colgando en la niebla del árbol: se detuvo y dejó de silbar, pero, observando más de cerca, percibió que había una parte en la que el árbol había sido dañado por un rayo y la madera blanca estaba desnuda. De pronto escuchó un quejido, y sus dientes castañearon y sus rodillas chocaron contra la montura: no era sino el roce de una gran rama contra otra al ser mecidas por la brisa. Dejó atrás el árbol tranquilo, pero nuevos peligros lo acechaban.

A unas doscientas yardas del árbol, un pequeño riachuelo cruzaba el camino y corría hacia un valle pantanoso con gruesos árboles, conocido como Wiley's Swamp. Unos pocos troncos gruesos, tumbados de lado a lado, funcionaban a modo de puente. En esa parte del camino en la que el riachuelo entraba en el bosque, un grupo de robles y nogales, apelmazados con viñedos salvajes, proyectaban una sombra cavernosa sobre él. Cruzar este puente era la más dura de las pruebas. Estaba en el mismísimo lugar en el que el desafortunado André había sido capturado, y ocultos bajo esos mismos nogales y viñedos se escondieron los robustos guardianes que lo descubrieron. Este ha sido considerado desde entonces un arroyo encantado, y terribles son las sensaciones de los estudiantes que pasan por allí solos tras el anochecer.

Cuando se acercaba al arroyo su corazón empezó a palpitar; aun así reunió toda su valentía, le dio al caballo diez patadas en las costillas y trató de cruzar el puente a toda prisa;

above all the other trees of the neighborhood, and formed a kind of **landmark**. Its limbs were gnarled and fantastic, large enough to form trunks for ordinary trees, twisting down almost to the earth, and rising again into the air. It was connected with the tragical story of the unfortunate André, who had been taken prisoner **hard by**; and was universally known by the name of Major André's tree. The common people regarded it with a mixture of respect and superstition, partly out of sympathy for the fate of its ill-starred **namesake**, and partly from the tales of strange sights, and doleful lamentations, told concerning it.

As Ichabod approached this fearful tree, he began to whistle; he thought his whistle was answered; it was but a blast sweeping sharply through the dry branches. As he approached a little nearer, he thought he saw something white, hanging in the midst of the tree: he paused and ceased whistling but, on looking more narrowly, perceived that it was a place where the tree had been **scathed** by lightning, and the white wood laid bare. Suddenly he heard a groan–his teeth chattered, and his knees smote against the saddle: it was but the rubbing of one huge bough upon another, as they were swayed about by the breeze. He passed the tree in safety, but new **perils** lay before him.

About two hundred yards from the tree, a small brook crossed the road, and ran into a marshy and thickly-wooded glen, known by the name of Wiley's Swamp. A few rough logs, laid side by side, served for a bridge over this stream. On that side of the road where the brook entered the wood, a group of oaks and chestnuts, matted thick with wild grape-vines, threw a cavernous gloom over it. To pass this bridge was the severest **trial**. It was at this identical spot that the unfortunate André was captured, and under the covert of those chestnuts and vines were the **sturdy yeomen** concealed who surprised him. This has ever since been considered a **haunted** stream, and fearful are the feelings of the schoolboy who has to pass it alone after dark.

As he approached the stream, his heart began **to thump**; he **summoned up**, however, all his resolution, gave his horse half **a score** of kicks in the ribs, and attempted to dash briskly across the bridge;

sin embargo, en vez de ir hacia delante, el obstinado viejo animal hizo un movimiento lateral y corrió de costado contra la valla. Ichabod, cuyos miedos se acrecentaban con el retraso, tiró de las riendas en la otra dirección y pateó con brío con el pie contrario. Mas todo fue en vano. Su corcel lo miró fijamente, es cierto, pero solo para meterse de lleno en el lado opuesto de la carretera, en un matorral de zarzas y arbustos de alisos. El maestro entonces hizo uso de la fusta y del tacón contra las famélicas costillas del viejo Gunpowder, que corrió hacia delante, bufando y resoplando, y fue a pararse justo en el puente de forma tan repentina que casi envió a su jinete de cabeza al suelo. En ese mismo momento el sensible oído de Ichabod percibió unas pisadas chapoteando al lado del puente. En la oscura sombra de la arboleda, a la orilla del arroyo, vio algo enorme, deforme y altísimo. No se movía, pero parecía reunirse en la penumbra, como un monstruo gigante listo para saltar sobre el viajero.

Al asustado maestro se le erizaron los pelos. ¿Qué había que hacer? Era ya demasiado tarde para dar la vuelta y regresar; y, además, ¿qué oportunidad había de escapar de un fantasma o duende, si es que eso era, que podía correr con las alas del viento? Mostrando por lo tanto su coraje, preguntó tartamudeando: «¿Quién eres?». Nadie le contestó. Repitió la pregunta con una voz aún más agitada. Tampoco le contestaron. Una vez más aporreó los costados del inflexible Gunpowder y, cerrando los ojos, entonó una salmodia con un fervor involuntario. Justo entonces el objeto sombreado que lo alarmaba comenzó a moverse y de un brinco apareció en medio del camino. A pesar de que era una noche oscura y lúgubre, la forma del desconocido podría hasta cierto punto haber sido distinguida. Parecía tratarse de un jinete de grandes dimensiones y montado en un caballo negro de poderosa presencia. No dio muestra alguna de enfrentamiento ni de cordialidad, sino que se mantuvo apartado a un lado de la carretera, trotando al lado del viejo Gunpowder, que había superado ahora su miedo y rebeldía.

Ichabod no se alegró por esta extraña compañía de medianoche y, valorando la aventura de Brom Bones con el mercenario

but instead of starting forward, the **perverse** old animal made a lateral movement, and ran **broadside** against the fence. Ichabod, whose fears increased with the delay, jerked the reins on the other side, and kicked lustily with the contrary foot: it was all in vain; his steed started, it is true, but it was only to plunge to the opposite side of the road into a **thicket** of **brambles** and alder bushes. The schoolmaster now bestowed both whip and heel upon the **starveling** ribs of old Gunpowder, who dashed forward, snuffling and snorting, but came to a stand just by the bridge, with a suddenness that had nearly sent his rider sprawling over his head. Just at this moment a plashy tramp by the side of the bridge caught the sensitive ear of Ichabod. In the dark shadow of the grove, on the margin of the brook, he beheld something huge, **misshapen** and towering. It stirred not, but seemed gathered up in the gloom, like some gigantic monster ready to spring upon the traveller.

The hair of the affrighted pedagogue rose upon his head with terror. What was to be done? To turn and fly was now too late; and besides, what chance was there of escaping ghost or goblin, if such it was, which could ride upon the wings of the wind? Summoning up, therefore, a show of courage, he demanded in stammering accents, "Who are you?" He received no reply. He repeated his demand in a still more agitated voice. Still there was no answer. Once more he **cudgelled** the sides of the inflexible Gunpowder, and, shutting his eyes, broke forth with involuntary fervor into a psalm tune. Just then the shadowy object of alarm put itself in motion, and with a scramble and a bound stood at once in the middle of the road. Though the night was dark and dismal, yet the form of the unknown might now in some degree be **ascertained**. He appeared to be a horseman of large dimensions, and mounted on a black horse of powerful frame. He made no offer of molestation or sociability, but kept **aloof** on one side of the road, jogging along on the blind side of old Gunpowder, who had now got over his fright and **waywardness**.

Ichabod, who had no relish for this strange midnight companion, and bethought himself of the adventure of Brom Bones with the Galloping

01:02'58"

galopante, apresuró a su caballo esperando dejarlo atrás. Aun así el extraño aligeró su corcel a un ritmo similar. Ichabod se detuvo y volvió a caminar, aminorando el paso, y el otro hizo lo mismo. Su corazón empezó a hundirse en su interior. Se esforzó en reanudar el canto del salmo, pero su lengua seca estaba clavada en el cielo de la boca y no pudo pronunciar palabra. Había algo en el depresivo y tenaz silencio de su persistente acompañante que era misterioso y terrible. Pronto halló una terrible explicación. Subiendo hacia una elevación de la tierra, se reveló la gigantesca figura de su compañero de viaje contra el cielo, enfundado en una chaqueta, e Ichabod se horrorizó al darse cuenta de que ¡no tenía cabeza! Pero este horror se incrementó cuando observó que la cabeza, que debería haber reposado sobre sus hombros, ¡la llevaba clavada en su montura! El terror se convirtió en desesperación; descargó una lluvia de patadas y coscorrones sobre Gunpowder, esperando dar esquinazo a su acompañante con algún movimiento brusco, pero el fantasma empezó a trotar a su mismo ritmo. Se alejaron entonces, corriendo contra viento y marea; las piedras volaban y las chispas saltaban a cada brinco. Las holgadas ropas de Ichabod ondeaban en el aire, mientras alargaba su cuerpo desgarbado por encima de la cabeza de su caballo, en el afán de la huida.

Por fin llegaron al camino que sale de Sleepy Hollow, pero Gunpowder, que parecía poseído por el diablo, en vez de seguir en esa dirección, giró en sentido opuesto y se encaminó de cabeza bajando a la izquierda. Este camino atravesaba un cuarto de milla por un valle arenoso cobijado por árboles y luego se cruzaba con el famoso puente de la historia de fantasmas; más allá comenzaba la loma verde donde se erigía la iglesia de paredes blancas.

El pánico del corcel le había dado a su inepto jinete una ventaja aparente en la cacería, pero cuando había recorrido solo media milla a través del valle, los amarres de la montura cedieron, resbalando bajo él. La agarró por el pomo y trató de sostenerla con firmeza, pero fue en vano y solo pudo salvarse a sí mismo abrazándose al cuello de Gunpowder mientras la montura caía al suelo y escuchaba cómo su perseguidor la pisoteaba. Por un momento le aterrorizó pensar en la ira de Van Ripper, debido a que se trataba de una montura para días festivos; pero no era el momento para miedos sin importancia: el fantasma

Hessian, now quickened his steed in hopes of leaving him behind. The stranger, however, quickened his horse to an equal **pace**. Ichabod **pulled up**, and fell into a walk, thinking to lag behind,–the other did the same. His heart began to sink within him; he endeavored to resume his psalm tune, but his **parched** tongue clove to the roof of his mouth, and he could not utter a stave. There was something in the moody and dogged silence of this pertinacious companion that was mysterious and appalling. It was soon fearfully accounted for. On mounting a rising ground, which brought the figure of his fellow-traveller in relief against the sky, gigantic in height, and muffled in a cloak, Ichabod was horror-struck on perceiving that he was headless!–but his horror was still more increased on observing that the head, which should have rested on his shoulders, was carried before him on the pommel of his **saddle**! His terror rose to desperation; he rained a shower of **kicks** and blows upon Gunpowder, hoping by a sudden movement **to give his companion the slip**; but the spectre started full jump with him. Away, then, they dashed **through thick and thin**; stones flying and sparks flashing at every bound. Ichabod's flimsy garments fluttered in the air, as he stretched his long lank body away over his horse's head, in the eagerness of his flight.

They had now reached the road which turns off to Sleepy Hollow; but Gunpowder, who seemed possessed with a demon, instead of keeping up it, made an opposite turn, and **plunged** headlong downhill to the left. This road leads through a **sandy** hollow shaded by trees for about a quarter of a mile, where it crosses the bridge famous in goblin story; and just beyond swells the green knoll on which stands the whitewashed church.

As yet the panic of the steed had given his **unskilful** rider an apparent advantage in the chase, but just as he had got half way through the hollow, the girths of the saddle gave way, and he felt it slipping from under him. He seized it by the pommel, and endeavored to hold it firm, but in vain; and had just time to save himself by **clasping** old Gunpowder round the neck, when the saddle fell to the earth, and he heard it trampled under foot by his pursuer. For a moment the terror of Hans Van Ripper's wrath passed across his mind,–for it was his Sunday saddle; but this was no time for petty fears; the goblin

lo estaba alcanzando, ¡como jinete inepto que era! Bastante tenía con mantenerse en pie; a veces resbalándose hacia un lado, a veces hacia el otro y a veces dando tumbos sobre la parte alta del lomo de su caballo, con una violencia que ciertamente temía lo partiese en dos.

Al poco tiempo lo animó un claro en el bosque que le dio esperanzas de que el puente de la iglesia estuviese cerca. El reflejo ondulante de una estrella plateada en el centro del arroyo le indicó que no estaba equivocado. Vio las paredes de la iglesia brillar débilmente más allá de los árboles. Recordó el lugar en el que el fantasmal contrincante de Brom Jones había desaparecido. «Si al menos pudiera llegar al puente», pensó Ichabod, «estaría a salvo». En ese momento escuchó al caballo negro jadeando y soplando justo detrás de él; incluso sintió su imaginaria respiración caliente en la nuca. Otra sacudida en las costillas y el viejo Gunpowder brincó hasta el puente, hizo retumbar los tablones, llegó al otro lado y entonces Ichabod echó una ojeada hacia atrás para ver si su perseguidor había desaparecido, de acuerdo con la regla, entre un destello de fuego y azufre. Justo en ese momento vio al fantasma, que levantándose en sus estribos, le arrojaba su cabeza. Ichabod trató de esquivar el horrible proyectil, pero fue demasiado tarde. Le golpeó en el cráneo con una tremenda colisión y cayó de cabeza en el polvo; Gunpowder, el caballo negro y el jinete fantasma pasaron de largo como un torbellino.

A la mañana siguiente encontraron al viejo caballo sin la montura y con las correas bajo las patas, pastando parsimoniosamente en la puerta de su dueño. Ichabod no apareció para el desayuno; y llegó la hora de la cena, pero Ichabod no llegó. Los muchachos se reunieron en la escuela y pasearon ociosamente por las orillas del riachuelo; el maestro seguía sin estar. Hans Van Ripper empezó a sentir cierto desasosiego acerca del destino del pobre Ichabod y de su montura. Se abrió una investigación, y tras realizar las pesquisas lograron dar con sus huellas. En una parte del camino que se dirigía a la iglesia se encontró entre la tierra la montura pisoteada; las marcas de las pezuñas de los caballos profundamente hundidas en el camino indicaban sin lugar a dudas una carrera veloz, y los condujeron al puente, más allá del cual, en una de las orillas de una parte honda del arroyo, donde el agua corre profunda y oscura, se encontró el sombrero del desafortunado Ichabod, y cerca de allí una calabaza destrozada.

was hard on his haunches; and (unskilful rider that he was!) he had much ado to maintain his seat; sometimes slipping on one side, sometimes on another, and sometimes **jolted** on the high ridge of his horse's backbone, with a violence that he verily feared would cleave him asunder.

An opening in the trees now cheered him with the hopes that the church bridge was at hand. The wavering reflection of a silver star in the bosom of the brook told him that he was not **mistaken**. He saw the walls of the church dimly glaring under the trees beyond. He recollected the place where Brom Bones's ghostly competitor had disappeared. "If I can but reach that bridge," thought Ichabod, "I am safe." Just then he heard the black steed **panting** and blowing close behind him; he even fancied that he felt his hot breath. Another convulsive kick in the ribs, and old Gunpowder sprang upon the bridge; he thundered over the resounding **planks**; he gained the opposite side; and now Ichabod cast a look behind to see if his pursuer should vanish, according to rule, in a flash of fire and **brimstone**. Just then he saw the goblin rising in his stirrups, and in the very act of hurling his head at him. Ichabod endeavored to dodge the horrible missile, but too late. It encountered his cranium with a tremendous crash,–he was tumbled headlong into the dust, and Gunpowder, the black steed, and the goblin rider, passed by like a **whirlwind**.

The next morning the old horse was found without his saddle, and with the **bridle** under his feet, soberly cropping the grass at his master's gate. Ichabod did not make his appearance at breakfast; dinner-hour came, but no Ichabod. The boys assembled at the schoolhouse, and strolled idly about the banks of the brook; but no schoolmaster. Hans Van Ripper now began to feel some **uneasiness** about the fate of poor Ichabod, and his saddle. An inquiry was set on foot, and after diligent investigation they came upon his traces. In one part of the road leading to the church was found the saddle trampled in the dirt; the tracks of horses' hoofs deeply dented in the road, and evidently at furious speed, were traced to the bridge, beyond which, on the bank of a broad part of the brook, where the water ran deep and black, was found the hat of the unfortunate Ichabod, and close beside it a **shattered** pumpkin.

El arroyo fue inspeccionado, pero no encontraron el cuerpo del maestro. Hans Van Ripper, como su albacea, examinó el paquete que contenía todos sus enseres personales. Consistían en dos camisetas y media, dos pañuelos para el cuello, un par o dos de calcetas de estambre, un par viejo de calzones de lino, una hojilla oxidada, un libro de salmos con las esquinas rotas y un diapasón estropeado. Respecto a los libros y muebles del colegio, pertenecían a la comunidad excepto *La historia de la brujería*, de Cotton Mather, un «Almanaque de Nueva Inglaterra» y un libro de sueños y adivinación, en el que había un folio garabateado y manchado por varios infructuosos intentos de hacer una copia de unos versos para la heredera Van Tassel. Estos libros de magia y el poético garabato fueron inmediatamente quemados por Hans Van Ripper, quien, desde entonces, decidió no enviar más a sus hijos al colegio al darse cuenta de que no podía sacarse nada bueno de leer y escribir. Cualquier dinero que poseyera el maestro, y había recibido su paga semanal uno o dos días antes, debía de llevarlo consigo en el momento de su desaparición.

El misterioso evento provocó muchas especulaciones en la iglesia el domingo siguiente. Grupos de mirones y cotillas se reunieron en el cementerio, en el puente y en el lugar en el que se habían encontrado el sombrero y la calabaza. Las historias de Brouwer, de Bones y muchas otras fueron rememoradas, y cuando las habían considerado todas diligentemente y las habían comparado con las características del caso actual, sacudieron la cabeza y llegaron a la conclusión de que a Ichabod se lo había llevado el jinete sin cabeza. Como era soltero y no tenía deudas , nadie se preocupó más por él, la escuela fue trasladada a otro vecindario del valle y se asignó un nuevo maestro a su servicio.

Años después, aseguran que un viejo granjero que visitó Nueva York y que conocía la aventura fantasmal trajo la noticia de que Ichabod Crane estaba vivo. Según el granjero había abandonado el pueblo debido, en parte, al miedo que le tenía al fantasma y a Hans Van Ripper, y en parte mortificado al haber sido rechazado repentinamente por la heredera, y que se había mudado a un distrito

The brook was searched, but the body of the schoolmaster was not to be discovered. Hans Van Ripper as executor of his estate, examined the **bundle** which contained all his worldly effects. They consisted of two shirts and a half; two stocks for the neck; a pair or two of worsted stockings; an old pair of **corduroy** small-clothes; a rusty razor; a book of psalm tunes full of dog's-ears; and a broken **pitch-pipe**. As to the books and furniture of the schoolhouse, they belonged to the community, excepting Cotton Mather's "History of Witchcraft," a "New England Almanac," and a book of dreams and **fortune-telling**; in which last was a sheet of **foolscap** much **scribbled** and blotted in several fruitless attempts to make a copy of verses in honor of the heiress of Van Tassel. These magic books and the poetic scrawl were forthwith consigned to the flames by Hans Van Ripper; who, from that time forward, determined to send his children no more to school, observing that he never knew any good come of this same reading and writing. Whatever money the schoolmaster possessed, and he had received his quarter's pay but a day or two before, he must have had about his person at the time of his disappearance.

The mysterious event caused much speculation at the church on the following Sunday. Knots of **gazers** and gossips were collected in the churchyard, at the bridge, and at the spot where the hat and pumpkin had been found. The stories of Brouwer, of Bones, and a whole budget of others were called to mind; and when they had diligently considered them all, and compared them with the symptoms of the present case, they shook their heads, and came to the conclusion that Ichabod had been carried off by the Galloping Hessian. As he was a **bachelor**, and in nobody's debt, nobody troubled his head any more about him; the school was removed to a different quarter of the hollow, and another pedagogue reigned in his stead.

It is true, an old farmer, who had been down to New York on a visit several years after, and from whom this account of the ghostly adventure was received, brought home the intelligence that Ichabod Crane was still alive; that he had left the neighborhood partly through fear of the goblin and Hans Van Ripper, and partly in mortification at having been suddenly dismissed by the heiress; that he had changed his quarters

01:10'15"

en una parte alejada del país, había estudiado leyes y trabajado como profesor a la vez y había superado el examen del colegio de abogados, se había metido en política, había hecho campaña, salido en los periódicos y finalmente nombrado juez en el tribunal de Ten Pound. Brom Bones, por otro lado, que, poco después de la desaparición de su rival había llevado, triunfante, a la floreciente Katrina al altar, fue observado indagando exageradamente cada noticia sobre la historia de Ichabod Crane que se contase, y siempre sonreía ligeramente cuando se mencionaba la calabaza, lo que hizo sospechar a algunos de que sabía más al respecto de lo que decidía contar.

A pesar de ello, las viejas esposas del campo, que eran las mejores juzgando esos asuntos, mantienen hasta este día que Ichabod fue secuestrado por medios sobrenaturales, y la historia es una de las favoritas para contar delante de la chimenea en las noches de invierno. El puente se volvió más que nunca objeto de temor supersticioso, y tal vez la razón por la que el camino fue desviado hace unos años, aproximando la iglesia hacia el límite del embalse. La escuela vacía pronto entró en decadencia, y se dijo que estaba poseída por el fantasma del desafortunado maestro. Un joven labrador, deambulando por allí de camino a casa una tranquila noche de verano, ha creído escuchar varias veces su voz en la distancia, cantando un melancólico salmo en la tranquila soledad de Sleepy Hollow.

POSTDATA:
ENCONTRADO ESCRITO A MANO POR EL SEÑOR KNICKERBOCKER

La historia anterior está escrita casi con las palabras exactas con las que la escuché relatada en una reunión del Ayuntamiento de la vieja ciudad de Manhattoes, en la que estaban presentes muchos de sus más sabios e ilustres habitantes. El narrador era un viejo agradable, educado y harapiento, vestido de *tweed*, con una cara cómicamente triste, y de quien yo sospechaba encarecidamente que era pobre, pero que hacía grandes esfuerzos para disimularlo. Cuando terminó su historia, hubo

to a distant part of the country; had kept school and studied law at the same time; had been admitted to the **bar**; turned politician; **electioneered**; written for the newspapers; and finally had been made a justice of the Ten Pound Court. Brom Bones, too, who, shortly after his rival's disappearance conducted the blooming Katrina in triumph to the altar, was observed to look exceedingly knowing whenever the story of Ichabod was related, and always burst into a hearty laugh at the mention of the pumpkin; which led some to suspect that he knew more about the matter than he chose to tell.

The old country wives, however, who are the best judges of these matters, maintain to this day that Ichabod was **spirited away** by supernatural means; and it is a favorite story often told about the neighborhood round the winter evening fire. The bridge became more than ever an object of superstitious awe; and that may be the reason why the road has been altered of late years, so as to approach the church by the border of the millpond. The schoolhouse being deserted soon fell to **decay**, and was reported to be haunted by the ghost of the unfortunate pedagogue and the **plowboy**, loitering homeward of a still summer evening, has often fancied his voice at a distance, chanting a melancholy psalm tune among the tranquil solitudes of Sleepy Hollow.

POSTSCRIPT.
FOUND IN THE HANDWRITING
OF MR. KNICKERBOCKER.

The preceding tale is given almost in the precise words in which I heard it related at a Corporation meeting at the ancient city of Manhattoes, at which were present many of its sagest and most illustrious burghers. The narrator was a pleasant, shabby, gentlemanly old fellow, in **pepper-and-salt** clothes, with a sadly humourous face, and one whom I strongly suspected of being poor--he made such efforts to be entertaining. When his story was concluded, there was

muchas carcajadas y aprobación, particularmente por parte de dos o tres viejos diputados que habían dormido durante la mayor parte del relato. Sin embargo, había un caballero viejo, alto y de aspecto aburrido, con las cejas saltonas, que mantuvo una mirada seria y algo severa todo el tiempo, cruzando los brazos de vez en cuando, inclinando la cabeza y mirando al suelo, como si una duda apareciera en su mente. Era uno de esos hombres recelosos que nunca se ríe si no está seguro de ello, si no tiene la razón y la ley de su parte. Cuando las risas del resto se sosegaron y el silencio se restituyó, el caballero apoyó un codo en el brazo de su silla y, clavando el otro en jarras, preguntó, con un ligero pero sumamente sabio movimiento de la cabeza y contracción de la frente, que cuál era la moraleja de la historia y qué probaba con ella.

El narrador, que justo se había llevado una copa de vino para recompensar sus esfuerzos, hizo una pequeña pausa, miró a su interrogador con un aire de infinita condescendencia y, bajando el vaso lentamente hacia la mesa, apuntó que la historia tenía la intención lógica de ser demostrada.

–No hay ninguna situación en la vida que no tenga sus ventajas y placeres, siempre que seamos capaces de enfrentarnos a ella con sentido del humor:

–Por lo tanto, quien se enfrenta cabalgando con soldados fantasmas tendrá una carrera difícil.

–O que un maestro de escuela a quien una heredera holandesa rechaza la mano tiene un ascenso asegurado en los altos cargos de estado.

El precavido anciano acercó sus cejas diez veces más tras su explicación, quedándose sumamente perplejo por el raciocinio del silogismo. Me dio la sensación de que al mismo tiempo, el que vestía de *tweed* lo miró maliciosamente, triunfante. Al final admitió que todo eso estaba muy bien, pero que todavía pensaba que la historia era algo extravagante, que había uno o dos puntos sobre los que dudaba.

–Fe, caballero –respondió el narrador–. Es más, ni yo mismo me creo la mitad. D. K.

FIN

much laughter and approbation, particularly from two or three deputy aldermen, who had been asleep the greater part of the time. There was, however, one tall, dry-looking old gentleman, with beetling eyebrows, who maintained a grave and rather severe face throughout, now and then folding his arms, inclining his head, and looking down upon the floor, as if turning a doubt over in his mind. He was one of your **wary** men, who never laugh but upon good grounds--when they have reason and law on their side. When the **mirth** of the rest of the company had subsided, and silence was restored, he leaned one arm on the elbow of his chair, and sticking the other akimbo, demanded, with a slight, but exceedingly sage motion of the head, and contraction of the brow, what was the moral of the story, and what it went to prove?

The story-teller, who was just putting a glass of wine to his lips, as a refreshment after his **toils**, paused for a moment, looked at his inquirer with an air of infinite deference, and, lowering the glass slowly to the table, observed that the story was intended most logically to prove--

"That there is no situation in life but has its **advantages** and pleasures--provided we will but take a joke as we find it:

"That, therefore, he that runs races with goblin troopers is likely to have rough riding of it.

"Ergo, for a country schoolmaster to be refused the hand of a Dutch heiress is a certain step to high preferment in the state."

The cautious old gentleman knit his brows tenfold closer after this explanation, being **sorely** puzzled by the ratiocination of the syllogism, while, methought, the one in pepper-and-salt eyed him with something of a triumphant leer. At length he observed that all this was very well, but still he thought the story a little on the extravagant--there were one or two points on which he had his doubts.

"Faith, sir," replied the story-teller, "as to that matter, I don't believe one-half of it myself." D. K.

THE END.

Glosario

A

abode	morada
abound	abundar
acquaintance	conocido
adjacent	contiguo, vecino
advantage	ventaja
allege	afirmar
aloof	apartado
amidst	en medio de
ample	abundante
arrant	definitivo
ascertained	distinguido
awe	asombro

B

bachelor	soltero
bar	colegio de abogados
barking	ladrido
bashful	tímido
battered	magullado
beech	haya (árbol)
beehive	colmena
behold	observar
behoove	convenir
belated	con retraso
belly	panza
beset	asedio
bevy	grupo, rebaño
bewitched	hechizado
birch-tree	abedul
blast	ráfaga, aullido
boast	jactancia, fanfarronería
bold	valentía
bow	reverencia
bramble	zarza
brawl	pelea
breastwork	barricada, defensa de barro
bridle	correas (de caballo)
brimstone	azufre
briskly	deprisa
broad	amplio, holgado
broadside	de costado
broiled	a la parrilla
brooding	cabizbajo
brook	arroyo
bumpkin	paleto
bundle	paquete
burly	fornido, robusto
burnished	pulido, lustroso

C

chanticleer	gallo (arcaico)
chastisement	castigo
china	porcelana
chivalry	caballerosidad
choose	elegir
churchyard	cementerio
clasp	abrazar
clatter	retumbar
clover	trébol
cognomen	apellido
collate	reunir, ordenar
commander in-chief	comandante en jefe

contagion	contagiar, correr por
convoy	escoltar, custodiar
copybook	cuaderno
corduroy	lino
countenance	expresión, semblante
cove	cueva
cradle	cuna
crestfallen	alicaído
cricket	grillo
crisp	crujiente
crowd	amontonarse
cuddle	hacer arrumacos
cudgel	aporrear
cuff	coscorrón
curdling	espeluznante

D

dangle	colgar
dash	toque, pizca
decay	decadencia
decline	decaer
direful	terrorífico
dismal	lúgubre
dismay	desaliento
dole out	repetir
doubtless	sin duda
drawn out	eternidad
dresser	aparador
drowsy	somnoliento
dwarf	enano

E

eager	entusiasmado
eagerness	entusiasmo, afán
electioneer	hacer campaña
encouragment	apoyo
endearment	cariño, mimo
endeavored	esfuerzo
enraptured	embelesado
exploit	proeza

F

feat	hazaña
feud	riña
firefly	luciérnaga
flutter	ondear
foolscap	folio
foray	incursión
fortune-telling	adivinación
fullness	plenitud
furbish	refrescarse

G

gainsay	réplica
gaunt	demacrado
gazer	mirón
gazette	periódico
ghastly	horrible, terrible
glazed	acristalado
glen	valle
glide	fluir, pasar
gloated	regodeado
gloom	oscuridad
gossip	chisme, cotilleo
grasshopper	saltamontes
grinning	sonriente
groan	quejido
grove	arboleda

H

halter	riendas
hammer	martillo
handed down	heredado
harbinger	presagio
harbor	puerto, bahía
hardihood	determinación
haunted	encantado
hearth	chimenea

heaped up apilado
heretical profano
hitherto hasta ahora, hasta entonces
hilt empuñadura
homewards de camino a casa
hoofs cascos (de un caballo)
horseback montado a caballo
horsemanship equitación
host multitud
hounted hechizado
hum zumbido
hurl tirar
hush silencio

I
idle holgazán
imbue imbuir
improvement mejora, crecimiento
indistinctness confusión
insomuch hasta el punto de
invaluable inestimable
inveterate arraigado
ivory marfil

J
jolt dar tumbos

K
kick patada

L
lad joven
lay aside dejar de lado
landmark emblema, punto de referencia
lest por temor a que
limb extremidad, articulaciones
listless lánguido
log tronco
loiter merodear

M
madcap alocado, descabellado
makeshift improvisar
marauding saqueo
marsh pantano
merry-making fiesta
maxim lema, regla
meddlesome intromisión
mettle coraje
mere joven
mischief picardía
mighty poderoso
millpond embalse
mirth alegría, risa
misshapen deforme
mist niebla
mistaken equivocado
moreover además
motherly maternal

N
nameless anónimo. olvidado
namesake tocayo
nightly cada noche
niggardly tacaño, avaro
nook hueco, remanso

O
omen presagio
onerous oneroso, pesado
overbearing autoritario

overhear escuchar sin querer
overhung que cuelga por encima de
overtaken adelantado

P

pace ritmo
pant jadear
parched seco
parry bloquear
parson cura, párroco
peep vistazo
peradventure tal vez (arcaico)
peril peligro
perish morir
pertinacious persistente
perverse obstinado
petting mimos
petty insignificante
pigeon paloma
pillion sillín
pitch-pipe diapasón
planks tablones
pliability flexibilidad
plowboy joven labrador
plunge encaminarse
pond estanque
popguns pistolas de juguete
portentous aciago
potentate tirano
pressing apremiante, urgente
propensity tendencia, costumbre
pull up detenerse
puny esmirriado, enclenque
purport importancia
pursuer perseguidor

Q

quail codorniz
quest búsqueda, expedición
quinces membrillo

R

ragged harapiento
recollection memoria
redoubtable temible
relief relieve
remnant resto
revel fiesta
revenue ingresos, pagos
reverie ensimismamiento
riddle misterio
roar rugido, estruendo
ruddy rojizo, rojo
rustic rural, tosco, rústico

S

saddle montura
sail vela
sandy arenoso
sally salir, marcharse
saunter pasear
scamper away escabullir
scanty escaso
scarecrow espantapájaros
scathed dañado
scouring expedición
scribbled garabateado
seldom rara vez
sequestered aislado
settler colono
sharp puntiagudo
shattered destrozado

sheepishly con vergüenza
sheltered asentado
shrewdness astucia
shore orilla
shovel pala
shrub arbusto
shutter postigo
slanting oblicuo
slyly furtivamente
sloping inclinado
smitten afligido
snugly cómodamente
sojourn pasar una temporada
sorely sumamente, completamente
spell hechizo, maleficio
spell-bound encantado
spirited away secuestrado
squall borrasca
startled sorprendido
starveling famélico
stake estaca
stillness quietud
stirrup estribo
stouter (than) más robusto (que)
straw paja
stream arroyo, riachuelo
stride dar zancadas
stripling joven
sturdy robusto
substantial importante
sullen huraño
summon up reunir
sundry diversos, varios
swain pretendiente (arcaico)
swallow tragar, tragadera
swamp pantano
sway influencia
sweetmeats dulces

T

tale cuento, leyenda
tender tierno
tether atar
thicket matorral
thickly densamente
thrive ser rico en, prosperar
thronged apiñado
throng multitud
thwarted rendirse
to enable poder, permitir
to hang over apoderarse
to linger entretenerse
to lull arrullar, conciliar el sueño
to pervade impregnar
to sink hundir/hundirse
to thump palpitar
toad sapo
toil esfuerzo
toyings jugueteos
tow-cloth ropa de lino
tower sobresalir
treacle melaza
treasure tesoro
trial prueba
tread pisar
twisted trenzado

U

umpire	árbitro
uncourteously	nada amablemente descortesmente
uncouth	ordinario
undertone	voz baja
uneasiness	desasosiego
unskilful	inepto
urchin	travieso

V

verily	verdaderamente
vessel	navío
vicinity	inmediaciones
vicious	feroz
vouch	atestiguar, afirmar

W

wailings	lamentos
walnut-tree	nogal
warfare	guerra, contienda
wary	receloso
waywardness	rebeldía
weather-cock	veleta
wend	emprender
whence	de donde
whilom	antiguamente (arcaico)
whimper	murmurar
whim	antojo
whimsical	caprichoso
whip-poor-will	guabairo (tipo de pájaro)
whirlwind	torbellino
whistle (n.)	silbido
whistle (v.)	silbar
whoop	vítores
wight	persona, hombre (arcaico)
wistful	melancólico
withe	mimbre
wizard	hechizero, mago
woodmen	leñadores
woodpecker	pájaro carpintero
wooed	cortejado
worthy	respetable
woefully	terriblemente

Y

yearn	ansiar
yeomen	guardianes
yielding	flexible
yore	pasado

EXPRESIONES Y FRASES HECHAS

a kind of	una especie de
as a matter of course	como era de esperar
at hand	a mano
a score	diez
be that as it may	como quiera que fuese

boon companions	amigos íntimos
bore in mind	tener en cuenta
by hook and by crook	de aquella otra manera
by-place	rincón
clap of thunder	estruendo
double-jointed	muy flexible
ever and anon	de vez en cuando
find favor	alabar
former times	viejos tiempos
hard by	cerca de
heavy-hearted	apesadumbrado
higgledy-piggledy	mezclado
ill-tempered	malhumorado
in addition	además
in broad daylight	a plena luz del día
in former days	en otros tiempos
in his time	a lo largo de su vida
in quest of	en busca de
in this way	de esa forma
made light of	ensombrecer, quitar importancia
of (real) flesh and blood	de carne y hueso
pepper-and-salt	vestido de *tweed*
plump as a partridge	entrado/a en carnes
(to be) a stumbling-block	imponerse, ser un obstáculo
to say	referirse concretamente
the pride and flower	la flor y nata
through thick and thin	contra viento y marea
to be on good terms with (someone)	llevarse bien con (alguien)
to contend with	lidiar con
to dwell upon	interesarse por
to give (someone) the slip	dar esquinazo a alguien
topsy-turvy	totalmente trastornado, desquiciado
trampled under foot	enterrado bajo los pies
truth to say	a decir verdad
wide awake	despierto